Kristina Roy

Saul von Tarsus

FRANCKE
Verlag der Francke-Buchhandlung GmbH

Die Deutsche Bibliothek – CIP-Einheitsaufnahme

Roy, Kristina:
Saul von Tarsus / Kristina Roy. – Marburg an der Lahn :
Francke, 2002
(Heimatlicht „Taschenbuch")
ISBN 3-86122-918-8

Alle Rechte vorbehalten
© 2002 by Verlag der Francke-Buchhandlung GmbH
35037 Marburg an der Lahn
Umschlaggestaltung: Henri Oetjen, DesignStudio Lemgo
Foto: Privat
Satz: Verlag der Francke-Buchhandlung GmbH
Druck: St.-Johannis-Druckerei, Lahr

Heimatlicht „Taschenbuch"

Inhaltsverzeichnis

1. Strenge Erziehung

Gewiss ist keiner unter meinen Lesern, der nicht dem großen Apostel Paulus zu Dank verpflichtet wäre. Darum wird es uns allen lieb sein, seine Lebensgeschichte oder besser gesagt, Gottes Erziehungswege mit diesem feinen gesegneten Zeugen zu betrachten.

Wenn wir einen Fluss kennen lernen, müssen wir seine Quelle aufsuchen, und wenn wir den Charakter eines Menschen beleuchten wollen, müssen wir vor allem nach der Familie fragen, aus der er hervorgegangen ist, nach denen, die ihn erzogen haben, kurz, wir müssen sehen, durch welche Hände das Gefäß gegangen ist, bevor es zum Gebrauch der Menschen bereit war.

Paulus erzählt uns wiederholt, dass er in Tarsus, einer Stadt in Zilizien, geboren wurde. Sein Vater war ein Pharisäer. Wir dürfen uns darunter aber nicht einen Pharisäer vorstellen, wie jenen, der sich im Tempel von Jerusalem vor Gott selbst seiner Vorzüge rühmte; auch nicht jene Pharisäer, die den Sohn Gottes bis zum Tode verfolgten. Ich stelle mir unter diesem Manne einen weisen, ehrenhaften, strengen und sehr frommen Vater vor, dem es äußerst wichtig war, seinem Sohn die strengste Erziehung nach dem Gesetz Moses zu geben.

Saul hatte viel Grund, seinem Vater für die Erziehung zu danken. Die Zeit, in der er heranwuchs, war eine überaus gefährliche. Unsittlichkeit, Unglaube, Gottlosigkeit, völliger Abfall von Gott breiteten sich in erschreckender Weise aus, und doch wuchs der Jüngling unter der strengen Aufsicht seines Vaters so wohl behütet und fromm heran, dass er wohl sagen durfte: „Dein Wort ist meines Fußes Leuchte und ein Licht auf meinem Wege."

Die Aufklärung der Sadduzäer, die weder Hölle noch Engel und Geister noch eine Auferstehung gelten lassen wollte, war ihm ein Gräuel.

Der Vater wollte seinen Sohn als Schriftgelehrten sehen. Er erließ ihm keine Selbstverleugnung, die das Gesetz oder die Vorschriften der Pharisäer erforderten. Von seinem zwölften Lebensjahr an versäumte Saul kein einziges der jährlichen Feste. Gott hatte geboten, dass jeder Mann oder Junge dreimal im Jahr in Jerusalem vor seinem Angesichte erscheinen sollte.

Sicherlich pilgerte Saul mit seinem Vater regelmäßig nach Jerusalem, um für sich opfern zu lassen und um die Reinheit und Heiligkeit zu suchen, die er ersehnte.

Kein einziges des strengen, dem jungen Körper so lästigen Fastens wurde ihm erspart. Und später hätte er es sich selbst um keinen Preis erlassen.

Die heilige Stadt Davids, die zu jener Zeit freilich durch die Heiden und das darin vergossene Blut verunreinigt war, aber deren herrliche Vergangenheit und glorreiche Zukunft die Propheten schilderten, machte gewiss einen tiefen Eindruck auf ihn.

Sein Verlangen, in die hohen Schulen der Schriftgelehrten aufgenommen zu werden, wuchs bei jedem Durchlauf der Verleugnungsriten. Der Vater gebot dem Sohn, zunächst ein einträgliches Handwerk zu erlernen, um so seinen Lebensunterhalt zu verdienen, auch wenn er einst in die Reihen der Pharisäer eintreten würde.

Er war nicht aus dem Hause Levi, er hatte somit kein Anrecht auf den Teil der Priester, den Zehnten des Volkes. Dafür entstammte er dem ehrwürdigen Geschlecht Benjamin.

Wie in früheren Zeiten die Söhne der Herrscherhäuser entweder ein Handwerk lernen oder ein Studium beenden mussten, um einmal im Notfall auf eigenen Füßen stehen zu können, so mussten auch im Judentum die Söhne der angesehensten Familien ein Handwerk lernen.

Sauls Vater wusste nicht, welch großen Dienst er seinem Sohn dadurch erwies, dass er ihn gründlich die Zeltweberei erlernen ließ. Ich will nicht behaupten, dass der Jüngling, dessen ganze Sehnsucht auf das Studium gerichtet war, mit großem Wohlgefallen am Webstuhl gesessen hätte; aber ich bin überzeugt davon, dass er mit großer Geduld und Ausdauer, die seiner Selbstbeherrschung entsprangen, sein Handwerk so gut wie nur möglich zu erlernen suchte. Die Jahre, die er als Lehrling und dann als Geselle verbrachte, konnten seiner von Haus aus stolzen und herrischen Natur nur förderlich sein.

Endlich kam der ersehnte Tag, da er in die Hochschule zu Jerusalem eintreten durfte. „Ich ward erzogen zu den Füßen Gamaliels", so erzählt er selbst. Damit drückt er aus, wie hoch er zu diesem weisen, hervorragenden Theologen seiner Zeit aufblickte und was Gamaliel ihm und den übrigen Studenten war, wenn sie gleich Söhnen zu seinen Füßen saßen. Wir müssen uns diesen Mann näher ansehen, obgleich das Wort Gottes wenig von ihm erzählt. Nur zweimal wird er erwähnt, aber das eine Mal an einer sehr bedeutungsvollen Stelle, wo das Synedrium, der hohe Rat, über die Bestrafung, ja, die Vernichtung der Kirche Christi beriet. Da lesen wir: „Da stand auf im Rate ein Pharisäer mit Namen Gamaliel, ein Schriftgelehrter (heute würden wir sagen: ein Professor der Theologie), der beim ganzen Volk in hohem Ansehen stand. Er verlangte, die Angeklagten vorübergehend aus dem Saal zu bringen und sprach dann zu den Schriftgelehrten: Ihr Männer von Israel, überlegt noch einmal, wie ihr mit diesen Menschen verfahren wollt." Und nun beschreibt er ihnen das Schicksal eines Theudas und eines Judas von Galiläa, die vor kurzer Zeit einen nicht unbedeutenden Aufstand hervorgerufen und ihren Idealen begeisterte Anhänger geworben hatten, dann aber samt ihrer Sache elend zugrunde gegangen waren. „Darum sage ich euch", fährt er fort, „lasset ab von diesen Menschen, und lasset sie fahren. Denn wenn hinter ihrer Sache nur Menschen stehen, so wird's untergehen. Steht aber Gott dahinter, dann seid ihr machtlos gegen sie, und am Ende zeigt es sich, dass ihr gegen Gott selbst gekämpft habt." Und siehe, sie schenkten ihm Gehör. Wohl bestraften sie die Apostel, um ihre Würde zu wahren, aber dann entließen sie sie.

Eins ist sicher: Hätte dieser Mann sich nicht durch seine außerordentlich alttestamentliche Frömmigkeit unter seinen Amtsgenossen ausgezeichnet, hätte er niemals so viel Einfluss auf sie ausüben können. Indem er zugibt, dass das Werk, diese Lehre der Apostel, von Gott sein könnte, gewährt er uns Einblick in seine Seele. Er war nicht fern vom Reich Gottes. Auch er gehörte sicherlich zu jenen, von denen Nikodemus gesagt hatte: „Meister, wir (die Schriftgelehrten) wissen, dass du ein Lehrer, von Gott gekommen, bist, denn niemand kann die Zeichen tun, die du tust, es sei denn Gott mit ihm."

Ich glaube, dass es den tadellosen, gottesfürchtigen, im Gesetz Moses ergrauten Theologen in tiefster Seele zu dem reinen Jesus und zu seiner Lehre zog. Er glaubte vielleicht an ihn; aber die große Ehre, die er seit Jahren beim Volk genoss, hinderte ihn daran, seinen Glauben zu bekennen. Er gehörte zu den Menschen, von denen Johannes schreibt, dass sie Jesus nicht bekannten, „weil sie die Ehre bei den Menschen lieber hatten denn die Ehre bei Gott." Er wusste, dass die Apostel nicht anders konnten; aber da er niemals zur vollen Wahrheit durchgedrungen war, hatte er keine Gewissheit, ob diese Lehre von Gott war oder nicht.

Ja, so stand er einst – gleich einer mächtigen Schutz-mauer die Apostel und das Werk Christi beschützend – an der Grenze des Reiches Gottes. O, hätte er sich doch zu Jesus von Nazareth bekannt, wie es seine bei-den Gefährten Nikodemus und Joseph von Arimathia getan hatten! Das Wort Gottes würde uns herrliche Dinge von ihm erzählen, den Gott mit so großen Gaben ausgerüstet hatte! So wissen wir nur, dass er Saulus erzogen hatte, und dass dieser die gründliche Kenntnis des Wortes Gottes, die uns in seinen späte-ren Briefen begegnet, neben der väterlichen Erziehung vor allem seinem Lehrer Gamaliel verdankt.

Zur Zeit der Reformation, die wie ein Morgenrot über England, Böhmen, Deutschland, Frankreich, Spanien und Italien aufging, begegnen wir immer wie-der, wo es auch sei, solchen Seelen. Sie kannten die Wahrheit; und hätten sie Herz und Augen der Wahr-heit geöffnet, dann hätte die Wahrheit sie völlig frei-gemacht. Aber da sie auf die Bedingung Jesu: „Ver-kaufe alles, was du hast, nimm dein Kreuz auf dich und folge mir nach!", nicht eingehen wollten, blieben sie auf halbem Wege stehen und wandten alle ihren Fleiß daran, Gott zu beweisen, dass es möglich sei, ihm ungeachtet all der Irrtümer, die sich damals in der Kirche eingenistet hatten, zu dienen, ja dass es möglich sei, diese Kirche selbst zu verbessern. Sie mögen für ihre Zeit viel getan haben, aber Christus wurde durch sie nicht verherrlicht. Seelen sind nicht durch sie gerettet worden. Und während das Lebenswerk der Märtyrer für Gottes Wahrheit noch heute dasteht, ist jenes Werk längst vom Strom der Zeiten fortgespült worden. Schade, schade um viele dieser Menschen! Im Himmel waren Kronen für sie bereit, die sie um ihrer Unentschiedenheit und Weltliebe willen verloren hatten. Sie wollten ihre Seelen erretten – und verloren sie.

Aber kehren wir zu Paulus zurück! Unter der Leitung eines solchen Lehrers entwickelte sich der Jüngling zu einem strengen, gesetzeseifrigen Pharisäer. Sein Ideal war es, die durch die Sadduzäer und nun auch durch die Sekte der Nazarener gefährdete Religion der Väter zu reinigen, zu festigen und wieder zu Herrschaft und Geltung zu bringen. Diesem Ideal hatte er sein ganzes Leben geweiht. Gar bald setzte man große Hoffnung auf den Jüngling Saul von Tarsus. Jeder Jude versprach sich von ihm große Dinge, die frommen Israeliten und Israelitinnen segneten seinen Vater und seine Mutter und setzten ihn zum Vorbild für ihre Kinder.

Nur hervorragende Persönlichkeiten können so sprechen und ohne ungeziemten Hochmut hinzufügen: „Sie haben mich vorher wohl gekannt, denn ich bin ein Pharisäer gewesen, welches ist die strengste Sekte unseres Gottesdienstes." Ja, die Menschen erwarteten große Dinge von diesem Jüngling; er hatte sich trotz seiner Jugend schon hochgearbeitet, und befand sich im Rat jener Siebzig, welche zu Gericht saßen und die Todesurteile über die Lästerer und Gesetzesübertreter unterschrieben. Er selbst bezeugt: „Ich half das Urteil sprechen." Dazu hätte er kein Recht gehabt, wäre er nicht ein Mitglied des Synedriums gewesen.

Seine Zeitgenossen sahen in dem strengen, vom Geist alttestamentlicher Frömmigkeit erfüllten Jüngling einen neuen Pfeiler der alten, in ihren Grundfesten erschütterten jüdischen Religion und richteten ihre Blicke auf ihn.

Aber da waren noch zwei Augen, die das von Gott auserwählte, von Mutterleib an ausgesonderte und zu großem, herrlichem Dienst berufene Werkzeug Tag und Nacht beobachteten, Augen wie Feuerflammen; – und eine unsichtbare Hand, die alle Umstände des Lebens leitet, griff unerwartet in das Leben des Jünglings ein.

2. Der Kampf gegen den Stachel

In Jerusalem trat ein Mann auf, den das Wort Gottes mit zwei Worten beschrieb: „voll Glaubens und Heiligen Geistes", „voll Glaubens und Kräften". Gegen diesen erhoben sich Männer aus den Schulen der Libertiner, der Kyrener und der Alexanderer, also Vertreter dreier religiöser Richtungen, sowie Einzelne aus Zilizien und Asien und disputierten mit ihm. „Aber sie vermochten nicht zu widerstehen der Weisheit und dem Geist, aus welchem er redete." Die Folgen dieses Zusammenstoßes waren falsche Anklagen, Beschuldigungen der Gotteslästerung, Verurteilung ohne genügende Beweise und letzten Endes Steinigung.

Bei diesem furchtbaren Märtyrertod dieses Zeugen Jesu begegnen wir Saulus von Tarsus in der Bibel zum ersten Mal. Wohl schleudert er keinen Felsblock auf den gerichteten Mann; aber er selbst bezeugt, dass er seine Stimme zur Vollstreckung des Todesurteils gegeben hatte und dass er wenigstens die Kleider derer hütete, die Stephanus steinigten.

Wie mag ihm wohl bei den letzten Augenblicken dieses Mannes zumute gewesen sein? „Ich sehe den Himmel offen und des Menschen Sohn zur Rechten Gottes stehen!", so hatte Stephanus im Gerichtssaale gejubelt, und sein Angesicht hatte dabei gestrahlt wie eines Engels Angesicht.

Auch jetzt war das Antlitz des Mannes, der hier inmitten eines Hagels von Steinwürfen kniete, wohl mit Blut überströmt, aber so heilig und selig, so voller Frieden und Liebe, als hörte man David singen: „Und ob ich schon wanderte im Tal der Todesschatten, so fürchte ich kein Unglück, denn du bist bei mir!"

„Herr, behalte ihnen diese Sünde nicht!", so ruft der Sterbende – und mit diesen Worten der höchsten Liebe geht er hinüber vor Gottes Thron; er, der Lästerer, der wegen Gotteslästerung Hingerichtete!

Das alles spielt sich in der unmittelbaren Nähe, unter den düsteren Blicken des jungen Schriftgelehrten ab. Saulus war kein Sadduzäer; er glaubte an Engel und Geister. Er glaubte, dass die Menschen in der Todesstunde nicht lügen und dass Stephanus ein Gesicht gehabt hatte, wie einst Jakob zu Bethel, dass er wirklich den Himmel offen gesehen hatte. Und dies Gesicht ermöglichte es ihm, inmitten der Steinwürfe, die seine Glieder zerschmetterten, so ruhig und selig zu sterben.

Hatte er vielleicht Jesus gesehen? „Herr Jesu, nimm meinen Geist auf!", so riefen die sterbenden Lippen ihn, den Gekreuzigten, an, dem Saul in seinem Herzen fluchte; ihm übergab er sich mit seinem letzten Seufzer; ihn bat er für die, die ihn steinigten. O, welch einen Eindruck musste das auf Saul von Tarsus gemacht haben!

„Es wird dir schwer werden, gegen den Stachel zu kämpfen!", sprach später der Mund des Herrn zu

Saulus. Dieser Stachel war dem Jüngling bei dem Tod des ersten Märtyrers ins Herz gedrungen.

Wollt ihr wissen, was ein Stachel ist? Stellt euch einen Stier vor, wie man ihn gebunden dorthin führt, wohin er nicht will. Er widerstrebt; aber seine Treiber haben einen Stock mit einer eisernen Spitze, mit dem sie ihn stechen, sodass er vorwärts gehen muss, ob er will oder nicht. Das ist ein Stachel. Stephanus' Märtyrertod war für Saulus wie ein Stachel, der ihn gegen seinen Willen zu Jesus trieb.

Alles, was wir fernerhin von Saulus und seinem Drohen und Morden wider die Jünger lesen, bevor er als ein Überwundener zu den Füßen der ewigen Liebe niedersank, war nur der Kampf gegen den Stachel.

Was wäre, wenn Stephanus nun doch Jesus zur Rechten Gottes gesehen hätte! Dann wäre es ja Wahrheit, was diese neue Sekte von ihm lehrte, dass er von den Toten auferstanden und gen Himmel gefahren war und dass er nun zur Rechten Gottes saß! Wenn das wahr wäre, dann hätten die Juden ihren verheißenen, sehnsüchtig erwarteten Messias gekreuzigt!

Nein, nein! Das konnte, das wollte Saulus nimmermehr zugeben oder gar glauben. Ich denke, dass Saul sich bis zu diesem Augenblick wenig um die Sekte der Nazarener gekümmert hatte. Er verachtete ihre Vertreter, diese ungelehrten Fischer, viel zu sehr, als auch nur in Gedanken sich mit ihr und ihrem Begründer, dem die Obersten seines Volkes fluchten, abzugeben.

17

Aber die Disputation mit Stephanus, die ihm einen Einblick in die tiefe Schriftkenntnis dieses mächtigen Zeugen Jesu gab, hatte ihm die Augen geöffnet.

Mit scharfem, durchdringendem Geiste erkannte er, dass die Lehre dieses Nazareners eine weit größere Gefahr für den Fortbestand der alttestamentlichen Religion war als der Unglaube der Sadduzäer, wollte sie doch nichts anderes sein als die Erfüllung der Lehre Moses und der Propheten. „Was ihr glaubt, was ihr erwartet, das haben wir bereits", so hatte Stephanus bezeugt. „Der gekreuzigte Jesus ist der von allen Propheten geweissagte Messias, Immanuel."

Saul wusste, entweder musste das alte Judentum siegen, das nur einen Gott bekannte, der seine Ehre keinem anderen geben wollte, oder es siegten die Anhänger jenes Nazareners; und dann musste die teure, heilige Religion der Väter untergehen. Und das sollte er zulassen? Niemals! Es stand bei ihm unwiderruflich fest, dass die Lehre dieses Nazareners samt seinen Anhängern von Grund auf ausgerottet werden müsse.

„Ein jeder, der euch tötet, wird meinen, er tue Gott einen Dienst daran", hatte einst der Herr Jesus gesagt. Nun, so war auch Saulus fest davon überzeugt, dass er Gott am besten diene, wenn er für Gottes Ehre gegen die Lehre Jesu und gegen seine Nachfolger kämpfte.

Wir lesen weiter: „Es bestatteten aber Stephanus gottesfürchtige Männer und hielten eine große Klage über ihn." Es war für die erste christliche Gemeinde ein unersetzlicher Verlust, dass dieser Träger des Lichtes und der Liebe, dieser unerschrockene Zeuge Gottes, dieser Wohltäter der Witwen und Waisen auf so furchtbare Art aus dem Leben scheiden musste. Kein Wunder, dass sie seinen verstümmelten Leichnam unter den Steinen hervorzogen und über ihm weinten.

Sicher gaben sie bei Stephanus' Begräbnis ihren Gefühlen Ausdruck und nannten diejenigen Mörder, welche ihn gerichtet und getötet hatten.

Dadurch beschworen sie eine große, allgemeine Verfolgung herauf, die alle Christen, die bisher in Frieden gelebt und eine große Versammlung gebildet hatten, in alle Richtungen des Heiligen Landes zerstreute.

Der hervorragendste Agitator in dieser Verfolgung wurde Saulus von Tarsus. Gar bald überzeugten sich die Hohenpriester und Schriftgelehrten davon, was für eine vorzügliche Kraft in diesem jungen Manne schlummerte und sie säumten nicht, sie zu erwecken und die Flamme des Fanatismus in ihm zu entfachen.

Lesen wir die Taten Sauls aus jener furchtbaren Zeit seines Lebens, wie er sie uns selbst beschreibt: „Viele von den Heiligen warf ich ins Gefängnis, darüber hatte ich Macht von den Hohenpriestern erhalten; und wenn sie getötet wurden, half ich das Urteil sprechen. In allen Synagogen habe ich immer wieder versucht, sie durch Auspeitschen dahin zu bringen, ihren Glauben zu verleugnen. Mein Hass war so groß, dass ich sie sogar noch über die Grenzen des Landes hinaus verfolgen wollte. In dieser Absicht reiste ich im Auftrag der führenden Priester und mit ihrer Vollmacht nach Damaskus." So erzählt Paulus selbst. Und Lukas bemerkt von ihm: „Saulus aber verstörte die Gemeinde, ging hin und her in die Häuser und brachte Männer und Frauen ins Gefängnis."

Stellen wir uns vor: Niemand ist sicher vor dem Toben dieses religiösen Fanatikers! In den jüdischen Schulen zwingt er die Gläubigen, zu lästern; aber sie wollen nicht lästern; lieber wollen sie ins Gefängnis gehen oder sterben, als sich den Glauben an den Gekreuzigten aus dem Herzen reißen zu lassen, lieber wollen ihre Lippen im Tod verstummen, als zu verleugnen, dass er der verheißene Messias, der Sohn Gottes, der auferstandene und wiederkommende Heiland sei.

Selbst die Heiligkeit des Familienlebens schont er nicht; er dringt in die Häuser ein und schleppt Männer und Frauen heraus. Auch Frauen? Ja, auch Frauen; er kennt keinen Unterschied; ihm erscheint es keine Erniedrigung, gegen Frauen zu kämpfen. Er reißt den Mann aus den Armen seiner Ehefrau; er nimmt den Kindern den Vater. Ohne auf ihr Weinen zu achten, nimmt er ihnen die Mutter. Er verbietet ihnen, ihre Säuglinge mit sich zu nehmen. Er verfolgt alle: junge Frauen und Männer, alte Frauen und Männer und bringt sie ins Gefängnis.

Nun fragen wir: Ist das der Saul, den wir am Anfang als frommen, gottesfürchtigen, von ganzer Seele den Willen Gottes tuenden Israeliten so lieb gewonnen haben? Wie konnte er, auf dessen Erziehung so viel gewandt ward, nur so missraten, so grausam werden und sein eigenes junges Herz mit Füßen treten?

Aber – war Saulus missraten? Nein, er hatte sich nur entwickelt, ein Beweis dafür, wessen der natürliche Mensch fähig ist, selbst wenn er Gott von Herzen auf seine eigene Art dienen will.

Sauls Leben war jetzt ein Kampf, ein Kampf gegen den Stachel. Ein weiterer Stachel war ihm weiterhin das Leben und der Wandel dieser Nachfolger des Gekreuzigten. Lukas schreibt darüber: „Die Menge aber der Gläubigen war ein Herz und eine Seele; auch keiner sagte von seinen Gütern, dass sie sein wären, sondern es war ihnen alles gemein. Und mit großer Kraft gaben die Apostel Zeugnis von der Auferstehung des Herrn Jesu, und es war große Gnade bei ihnen allen. Es war auch keiner unter ihnen, der Mangel hatte. Sie verkauften ihre Habe und brachten das Geld und legten's zu der Apostel Füßen; und man gab einem jeden, was er brauchte. Sie blieben aber beständig in der Apostel Lehre und in der Gemeinschaft und im Brotbrechen und im Gebet.“

Die Christen drückten den schmerzlichen Stachel durch ihren täglichen Wandel immer tiefer in Sauls Herz. Trotz seiner Verblendung war Saul nicht blind; er sah gut, und unwillkürlich musste er vergleichen.

Auf der Seite der Pharisäer und Schriftgelehrten gab

es nur Stolz, Überheblichkeit, Zank und Streit und Parteihader, die Nazarener aber waren ein Herz und eine Seele, unter ihnen herrschten Gleichheit, Brüderlichkeit, Eintracht und Liebe.

Unter den Hohenpriestern und Pharisäern wucherte die Bestechlichkeit: Sie nahmen den Witwen die Häuser weg, heuchelten lange Gebete und kassierten sogar Eintritt für Tempelbesuche. Die Nazarener hingegen teilten alle Dinge. Dazu kam der Eifer, sich um das Wort Gottes zu sammeln, Gott mit Gebeten und Lobgesängen zu preisen.

Kein Wunder, dass Saulus auch Frauen ins Gefängnis brachte. Sie, diese schüchternen Frauen und Mädchen, die sonst vor Scheu kaum den Mund zu öffnen wagten, hielten unbeweglich an Christus fest und bezeugten, dass sie ihm angehörten, ihm dienten und ihn erwarteten.

Hätte er nur die Männer ausgerottet, dann hätte er nichts gewonnen. Auch die Frauen würden ihre Kinder nach der christlichen Lehre erziehen, und selbst die Mädchen, die Mütter der zukünftigen Generation, würden ihre Kinder für Jesus gewinnen.

Gar manche schlaflose Nacht quälte den jungen Eiferer, denn immer wieder drängte sich ihm die Wahrheit auf, dass dort, wo Hochmut, Neid, Zank und Streit wohnten, der Satan herrschte, und dass dort, wo so viel Liebe zu Gott und den Menschen, so viel Eintracht und Demut offenbar wurde, Gott sein müsse.

Warum, warum mussten gerade diese verfluchten Nazarener dieses Ideal des wahren Gottesgebotes verwirklichen, das das Alte Testament so klar und deutlich forderte und das bis dahin unerfüllt geblieben war? Woher nahmen sie diese Kraft der Liebe und Selbstverleugnung, nach der er sich vergeblich sehnte? Wenn ihnen das nun doch der Heilige Geist darreichte, den ihnen dieser Jesus gesandt haben sollte?

Es war ein scharfer, schmerzhafter Stachel! Wenn Saulus nicht unterliegen wollte, dann musste er diese Sekte der Nazarener um jeden Preis vernichten, und zwar so bald wie möglich.

Stellen wir uns vor: Wenn Saulus in die Häuser der ersten Christen gekommen wäre und gesehen hätte, dass sie selbst lebten wie die Welt, dass sie Mammon anhäuften wie die Welt, dass sie sich untereinander hassten und verleumdeten wie die Welt, dass die Kinder Vater und Mutter ungehorsam waren, dass die Männer ihre Frauen hart und lieblos behandelten, die Frauen hingegen schwatzhaft und verleumderisch waren wie die Welt; wenn er gesehen hätte, dass es in diesen Häusern keine Hausandachten, kein gemeinsames Kniebeugen vor dem Herrn gab, dass die Eltern ihren Kindern nicht von Jesus erzählten, sondern sich um ihre Seelen ebenso wenig kümmerten wie die Welt – ich glaube nicht, dass er sie so sehr verfolgt hätte. Warum? Wozu auch? Er hätte sich gesagt, dass ihre Lehre von selbst sterben werde, dass sie kein Fundament habe. Solch ein Christentum hätte einen

Saulus nie zu Jesus getrieben, wäre nie der Anstoß zu seiner Bekehrung geworden. Gelobt sei Gott, der Saulus mit Christen zusammenführte, die wirklich nach seinem Wort lebten und in denen der Heilige Geist wohnte.

3. Bis hierher – und nicht weiter!

Der kleinen Gemeinde der Jünger Jesu in Damaskus kam eine Schrecken erregende Kunde: „Saul von Tarsus kommt mit Vollmacht der Hohenpriester nach Damaskus, um euch gefangen zu nehmen und zu peinigen. Wachet und betet, damit ihr nicht fallet in der Anfechtung, die euer wartet! Die Gemeinde und die Apostel werden ohne Unterlass für euch beten. Haltet aus!"

In dem Brief lag der Schmerz noch unverheilter Wunden und jüngst erlittener Verluste, ja, es war, als wäre er mit Tränen benetzt, Tränen, die den geliebten Märtyrern galten.

Bis dahin hatte die kleine Gemeinde in Damaskus in völliger Sorglosigkeit gelebt, doch jetzt konnten ihnen nur noch die Gebete helfen.

Sie beteten ohne Unterbrechung und trafen nebenbei Vorbereitungen zur Flucht für den Fall, dass es noch möglich wäre zu entrinnen! Andere dagegen erwarteten mit Sehnsucht die Märtyrerkrone. Eheleute, Eltern und Kinder, Familienmitglieder, ja alle Gemeindeglieder nahmen Abschied voneinander.

So manches Herz klammerte sich in diesen Stunden der Angst enger an Jesus. Und was die Brüder in diesen Stunden miteinander verband, war mehr als die Bande verwandtschaftlicher Liebe.

Sooft sie sich in ihrem weiteren Leben an jene Stunden der Angst erinnerten, die sie um Christi willen ertragen hatten, fühlten sie stets den Nachklang des tiefen, inneren Segens, den dieses Leid gebracht hatte. Die Christen in Damaskus streckten sich in diesen Tagen aufs Neue nach der tiefen Fülle und nach der Hilfe ihres himmlischen Trösters aus. Und Gott gab sie ihnen. Die Liebe Gottes wurde durch den Heiligen Geist in ihre Herzen ausgegossen, und so erwarteten sie den Tod oder die Befreiung.

Unterdessen nähert sich der Abgesandte des Hohen Rates mit seinem kleinen Gefolge den Toren von Damaskus. In seinem festen Blick und um seinen Mund liegt der Schatten des Fanatismus; aus den tiefen, dunklen Augen sprüht der Blitz unbeugsamer Entschlossenheit. Von durchwachten Nächten erzählt uns sein Anblick; von Tagen strengen Fastens zeugen seine bleichen, eingefallenen Wangen.

Beim Anblick des jungen Schriftgelehrten fallen uns die Worte ein: „Wer euch tötet, wird meinen, er tue Gott einen Dienst daran."

Für die Ehre Jehovas, für den Gott Abrahams, Isaaks und Jakobs, für die reine Lehre des jüdischen Glaubens eilte er in den Kampf.

Die Vorbereitung darauf war ihm schwer gefallen, hatte er doch in seinem Inneren gegen den unerträglichen Stachel kämpfen müssen, der ihn trotz all seiner Abwehr Tag und Nacht näher und näher zu den Füßen Jesu von Nazareth trieb.

Er fühlte, dass er, wenn er mit all den grausamen

Mitteln die Nazarener ausrottete, nicht nur die gefährliche Ansteckung beseitigen würde, sondern auch seine unwiderstehliche Sehnsucht, die ihn so mächtig zum Kreuz zog.

Wenn er den Boden von Damaskus betrat, würde er zugleich die Grenze der Freiheit überschreiten und nimmermehr in Gefahr schweben, jenem sündigen Irrtum anheim zu fallen.

Es ist gerade um die Mittagszeit. Die Sonne steht senkrecht. Es ist heiß.

Saul machte Halt, um Gott noch einmal seine Rechtgläubigkeit zu versichern. Er gelobte ihm, dass er nicht ruhen wolle, bis nicht der Letzte jener Sekte des Nazareners die Augen im Tode geschlossen hätte.

Da, mit einem Mal ist es, als öffne sich der Himmel, und ein Strom stürzt von oben herab, nicht ein Wasserstrom, nein, ein Strom von Licht, wie ihn kein Mensch zuvor je gesehen hat. Welle auf Welle überrieselt den vor Entsetzen zu Boden gesunkenen Saulus samt seinem bestürzten Gefolge. Und aus dem Licht heraus, das zwar nicht verbrennt, aber durch seine Macht beinahe tötet, ertönt plötzlich eine Stimme, nicht stark, aber so mächtig in ihrer Schönheit, Zartheit, Liebe, Trauer und Erhabenheit, dass sie alle Saiten des Herzens und der Seele berührt. In Sauls jüdischer Muttersprache spricht sie: „Saul, Saul, was verfolgst du mich?"

Wenn die Kronen der mächtigen Waldbäume im Winde rauschen, wenn ein Wasserfall, in den sich ein großer Fluss ergießt, brausend in die Tiefe stürzt, wenn die Wogen des Meeres tosend gegen die Brandung schlagen – wer beschreibt diese Töne und die Gefühle, die sie im Herzen hervorrufen?! – Nun, und wer könnte die Gefühle in Sauls Herzen beschreiben? „Herr, wer bist du?", kommt es von den erblassten Lippen. Und die Antwort, die das ganze bisherige Tun und Treiben des jungen Schriftgelehrten richtet, klingt wie ein Todesurteil: „Ich bin Jesus, den du verfolgst; es wird dir schwer fallen, gegen den Stachel zu kämpfen!"

Es war ein vergeblicher Kampf gewesen. Ein Kämpfer, der tödlich getroffen, mit herabgeglittenen Waffen vor seinem Gegner in den Staub sinkt, mochte Ähnliches empfinden, wie das Herz des zu Boden gesunkenen Saulus. Längst wusste er, dass nur einer als Sieger aus diesem Kampf hervorgehen konnte, entweder Jesus und seine Lehre, oder Saulus und die alte jüdische Religion.

Nun, Jesus hatte gesiegt; die Waffe war seiner Hand entglitten. Jener Gekreuzigte lebte und war also doch der Messias, von dem Daniel bezeugt hatte: „Der Messias wird getötet werden." Er war das von Jesaja besungene Gotteslamm, das sein Leben als Schuldopfer gab. Saulus glaubte nun dem lebendigen, auferstandenen Jesus, von dem Stephanus bezeugt hatte, dass er ihn zur Rechten Gottes stehen sehe und von dem andere bezeugt hatten, dass er vom Ölberg gen Himmel gefahren war. Voller Entsetzen, unter Zittern und Zagen stellt Saulus ihm nun die Frage: „Herr, was willst du, dass ich tun soll?"

Der Mann, vor dem Scharen von Gotteskindern gezittert hatten, erzittert jetzt zu den Füßen des Siegers Jesus, indem er sich ihm als seinem Herrn auf Gnade oder Ungnade ergibt. „Was willst du, dass ich tun soll?" Es ist, als wollte er sagen: „Du weißt, was ich in Damaskus tun wollte. Damit ist es für immer vorbei. Was nun? Soll ich nach Jerusalem zurückkehren und all die Deinen, denen ich Leid zugefügt habe, um Verzeihung bitten? Soll ich hingehen und für meine schwere Sünde ein Opfer darbringen? Aber welches, welches? – O, was willst du, dass ich tun soll?"

„Stehe auf", spricht der Herr, „und gehe in die Stadt; da wird man dir sagen, was du tun sollst."

Das Licht ist verschwunden, die wunderbare Stimme ist verklungen. Die mächtige Gegenwart des Sohnes Gottes ist vorbei. Die bestürzten Begleiter des Saulus, die wohl das Licht gesehen und die Stimme gehört, aber in ihrer Angst die Worte nicht verstanden hatten, sind wieder zum Bewusstsein gekommen.

Endlich erhebt sich auch Saul; er will die Augen öffnen – aber vergeblich. Um ihn her herrscht finstere Nacht. Auch in seiner Seele ist es dunkel. Er weiß nur, dass dieser Jesus von Nazareth, dem er bis heute widerstanden hatte, dessen Werk er vernichten wollte, diesen Kampf als Beleidigung seiner Person, als Widerstreben gegen ihn selbst ansieht – und dass dieser Jesus ihm befohlen hat, nach Damaskus zu gehen und dort sein Urteil abzuwarten.

Der harte Christenverfolger, der mit so viel Macht den Weg nach Damaskus angetreten hatte, kommt jetzt zwar an sein Ziel, aber er wird niemanden in Fesseln legen, ist er doch selbst mit Blindheit geschlagen!

Welch ein trauriges Bild! Die Leute auf den Straßen bleiben stehen und blicken dem seltsamen Zug mit dem bleichen, erblindeten Mann an der Spitze nach. „Wer ist dieser, und was ist ihm geschehen?" – Niemand gibt eine Antwort. Das Gewand mit dem breiten Saum verrät den Vorsteher einer Schule oder das Mitglied des Hohen Rates, den Schriftgelehrten.

Saul sieht nicht die vielen tiefen Verbeugungen, er hört nicht die Grüße. Herz, Seele und Gedanken sind voll von den mächtigen Worten, die er aus dem Munde des Gottes- und Menschensohnes gehört hatte.

Endlich erreicht er die zuvor bestellte Herberge und ist der neugierigen Menschenmenge entschwunden.

Wenn jemand denkt, dass Saulus vom ersten Augenblick an ein Gefühl von Seligkeit spürte, das eine Bekehrung mit sich bringt, dann irrt er gewaltig. Davon finden wir nichts in der Bibel, im Gegenteil. Sein inneres Unglück, die namenlose Trauer, das Meer des Leidens, das über dem jungen Pharisäer hereinbrach, erinnern mich an die Worte: „Furchtbar ist es, in die Hände des lebendigen Gottes zu fallen."

4. Licht und Liebe

Wenn wir Sauls Lebensweg verfolgen, begegnen wir verschiedenen hervorragenden Persönlichkeiten, die auf Saulus ihren Einfluss ausübten.

Er war kein reicher, römischer Bürger wie Sauls Vater, kein Gelehrter wie Gamaliel, auch kein hervorragender, mächtiger Zeuge und Märtyrer wie Stephanus. Die Bibel beschreibt ihn uns als „gottesfürchtigen Mann nach dem Gesetz". Vielleicht ein unbedeutender Mensch in den Augen der Welt, aber groß in den Augen seines Herrn.

Nicht derjenige ist der beste Diener, der große Gaben hat; aber der ist ein rechter Diener, der immer, unter allen Umständen, zu gehorchen versteht, dem der Herr einen Auftrag geben kann, wie er will, wohl wissend, dass er ihn willig ausführen wird.

Es klingt so einfach und schön, so ganz selbstverständlich: „Es war aber ein Jünger zu Damaskus mit Namen Ananias; zu dem sprach der Herr: Ananias! Und er sprach: Hier bin ich, Herr! Der Herr sprach zu ihm: Stehe auf und gehe hin in die Gasse, die da heißt die Gerade, und frage in dem Hause des Judas nach einem Mann namens Saul von Tarsus; denn siehe, er betet!"

Ananias erschrickt nicht vor der Gegenwart des Herrn; mit dem Heiligen Geist erfüllt, lebt er Tag für Tag in ununterbrochener Verbindung mit ihm.

Aber der Befehl, den er heute erhalten hat, überschreitet alle Grenzen. Er soll Saul von Tarsus aufsuchen! Der Mörder der Brüder zu Jerusalem ist also schon da! Die Stunde der Trübsal ist nahe – und er soll ihn aufsuchen! Und wie hat der Herr gesagt? Dass er bete?

Aber der Herr fährt fort: „In einer Vision hat Saul gesehen, wie ein Mann namens Ananias zu ihm kommt und ihm die Hände auflegt, damit er wieder sehen kann."

„Herr", entgegnet der Jünger mit dem demütigen Vertrauen gegenseitiger Liebe, „ich habe von Vielen von diesem Mann gehört, wie viel Übel er deinen Heiligen in Jerusalem getan hat, und er hat die Macht von den Hohenpriestern, alle zu töten, die deinen Namen anrufen."

Ein Seufzer wehmütiger Erinnerung an all die teuren, so grausam gemordeten Brüder zittert in der Stimme des Redenden.

Der Herr fährt jedoch fort: „Gehe hin, denn ich habe ihn als mein Werkzeug ausgesucht, dass er meinen Namen trage zu den Heiden und zu den Königen und zu den Kindern Israel. Ich will ihm zeigen, wie viel er leiden muss um meines Namens willen."

Es ist, als wollte er sagen: „Ihr habt durch seine Schuld gelitten. Aber er wird mehr leiden müssen, und euer erlittenes Unrecht werden ihm die Menschen reichlich heimzahlen."

Nun, Ananias kennt die größte Kunst eines wahren

Jüngers: aufs Wort zu glauben und zu gehorchen. Er geht. Er sucht das Haus des Judas; er sucht denjenigen, dem noch gestern jeder Jünger ängstlich ausweichen wollte – auch er, Ananias, selbst – und er findet ihn.

Drei Tage der Finsternis, drei Tage schmerzlichen Weinens, drei Tage ohne Schlaf, ohne Essen und Trinken lasten auf dem Pharisäer. Der, auf den man in Jerusalem so viel Hoffnung setzte, liegt im Staub vor Ananias. Die furchtbaren Qualen der Seele hatten ihre Spuren zurückgelassen.

Es war für ihn eine schwere Last, Tag und Nacht die Opfer seiner eigenen Grausamkeit an seinem Auge vorüberziehen zu sehen.

Indem Saul erkannte, dass die Wahrheit auf Seiten dieser „Nazarener" war, dass sie keine Verbrecher, keine todeswürdigen Gotteslästerer waren, stand er selbst als Mörder und Verbrecher da und seine blutbefleckten Hände streckten sich nach Gnade und Erbarmen aus.

„An dir allein habe ich gesündigt und Übel vor dir getan!" „Errette mich von den Blutschulden, Gott, der du mein Gott und Heiland bist!" „Gott sei mir gnädig nach deiner Güte und tilge meine Sünden nach deiner großen Barmherzigkeit. Wasche mich rein von meiner Missetat und reinige mich von meiner Sünde; denn ich erkenne meine Missetat, und meine Sünde ist immer vor mir!" „Verbirg dein Antlitz vor meinen Sünden und tilge alle meine Missetaten!"

So und ähnlich hatte er gefleht und geweint, bis er nicht mehr konnte. Alles in ihm weinte: Herz, Seele, Geist, Körper, Sinne – alles. Solch ein Leiden bleibt nicht ohne tiefe Spuren.

So fand Ananias den gefürchteten Saul von Tarsus. Er war hergekommen, um eine Tat des Gehorsams zu vollbringen. Aber beim Anblick des verkörperten Unglücks entbrannte in seinem Herzen, in welchem Christus wohnte und regierte, die Liebe Gottes. Ohne Zaudern, voll innigen Mitgefühls trat Ananias zu dem Feind der Gemeinde Gottes, und von seinen Lippen kamen Worte, die Christus bezeugten:

„Lieber Bruder Saul, der Herr, der dir erschienen ist auf dem Weg hierher, hat mich gesandt, dass du wieder sehend und mit dem Heiligen Geist erfüllt werdest."

Behutsam legte er seine Hände auf Sauls Augen und Stirn. Die Liebe Gottes, die von Ananias ausging, war wie Balsam für das wunde Herz: „Lieber Bruder Saul!"

Einer von jenen, die er eigentlich töten wollte, nennt ihn seinen Bruder! Saul weiß nicht, wie ihm geschieht; aber von seinen Augen fällt es wie Schuppen, die Nacht der Blindheit ist vorbei, er schaut in ein Antlitz, ähnlich dem des Stephanus – aufs Neue geblendet von dem großen Licht der Liebe.

„Auf dass du wieder sehend werdest", spricht Ananias, aber er fügt hinzu: „und mit dem Heiligen Geist erfüllt werdest."

Er kannte diesen Tröster; er wusste, dass nur dieser

den Schmerz, der Sauls Seele verdüsterte, vertreiben konnte. Wenn Saul ein auserwähltes Gefäß war, und dieses Gefäß nun von allem entleert war, was es bisher gefüllt hatte, dann durfte es nicht leer bleiben. Das himmlische Feuer, das Wasser des Lebens, das göttliche Leben musste sich durch den Tröster, den Heiligen Geist, in seine Leere ergießen.

Und dann geschah etwas mit Saul, was er sich nie erklären und auch nie vergessen konnte. In jenen drei Tagen war in Saul alles gestorben, wofür er bisher gelebt hatte; er hatte seine Gelehrsamkeit, seine Theologie, seine Pläne, denen er sein Leben geweiht hatte, seine ehrgeizigen Hoffnungen begraben; er hatte sich selbst gerichtet, er hatte ein furchtbares Sterben gefühlt.

Wofür hätte er denn weiterleben sollen, wo doch alles Bisherige Irrtum und Unrecht gewesen war! „Verdammt sei der Tag, an dem ich geboren wurde!“, hätte er mit Hiob ausrufen können.

Es ist furchtbar, sich selbst zu überleben; von großen Zielen zu träumen und als Verbrecher mit blutbefleckten Händen zu erwachen!

Als Ananias die Hände auf Saul legte, sah der einstige Christenverfolger das natürliche Licht, und in seine gequälte Seele zogen der Friede und die Gewissheit ein, dass Gott sich erbarmt, dass Jesus ihm vergeben und dass das auf Golgatha vergossene Blut die Flecken von seinem Herzen und von seinen Händen gewaschen hatte.

Ananias' Berührung war für Saul so wohltuend. Die Finsternis schwand, Licht und Wärme ergossen sich in seine Seele. Der Geist des Herrn zog in das Herz ein, welches nun für immer anfing zu rufen: „Abba, lieber Vater!" In sein Ohr tönten die weiteren Worte der Botschaft, die Ananias für ihn hatte: „Der Gott unserer Väter hat dich bestimmt, dass du seinen Willen erkennen sollst, ihn sehen und seine Stimme hören sollst. Denn du wirst sein Zeuge vor allen Menschen sein, des, das du gesehen und gehört hast." Welch eine herrliche Botschaft! Saul, der seine Hoffnungen begraben hatte, darf nun seinem Gott einzig und allein als Zeuge dienen, er, der fürchtete, sein Leben in der Abgeschiedenheit als Weber verbringen zu müssen, hört die gnädige Botschaft, dass der Herr Jesus ihn zu seinem Boten, zum Zeugen seiner ewigen Gnade und Wahrheit machen will. Und Ananias fährt fort: „Stehe auf und lass dich taufen und abwaschen deine Sünden, und rufe den Namen des Herrn an!"

Saul stand auf, und Ananias erwies ihm auch noch den Liebesdienst, dass er ihn auf den Namen des dreieinigen Gottes taufte. Damit bekannte er Jesus von Nazareth als den Sohn Gottes. Die Taufe konnte ihm in geistlicher Beziehung nichts bringen, denn Vergebung und Reinigung hatte er durch das Blut Jesu gefunden; aber da er von Herzen glaubte, ziemte es sich, das auch mit dem Munde zu bekennen.

Etwas hatte ihm die Taufe dennoch gebracht: eine tiefere Stufe der Demut, denn sie vereinigte ihn öffentlich mit den verachteten „Nazarenern" und trennte ihn für immer von dem Alten Bund, dessen er sich bisher gerühmt hatte.

Nachdem Saul sich mit Essen und Trinken gestärkt hatte, nahm Ananias Saul mit sich zu den anderen Christen. Welch eine Überraschung muss das gewesen sein. Wie mochten sie gemeinsam den Herrn verherrlicht haben, der ihre Gebete so wunderbar erhört, den Tyrannen beseitigt und ihnen an seiner statt einen Bruder nach Damaskus gesandt hatte. Nun durften sie ihm alles sagen, was sie von ihrem Herrn wussten.

So blieb Saulus einige Tage bei den Jüngern von Damaskus. Die Juden aber, die ihn in Damaskus erwartet hatten, waren entsetzt über Sauls plötzlichen Wandel. Er, die Säule der altjüdischen Religion, erzählte auf einmal von seiner Bekehrung zu Jesus Christus.

Saulus selbst erschien dieses Glück noch so neu, er fühlte sich so unwissend, so unverständig, dass er von seinen neuen Brüdern im Herrn Abschied nahm und nach Arabien aufbrach.

Er selbst schreibt über diese Begebenheit im Brief an die Galater im 1. Kapitel, Vers 15-17:

„Dann hat Gott mich seinen Sohn sehen lassen, damit ich ihn überall unter den Völkern bekannt mache. Dazu hatte er mich schon vor meiner Geburt bestimmt, und so berief er mich in seiner Gnade zu seinem Dienst. Als das geschah, besann ich mich nicht lange und fragte keinen Menschen um Rat. Ich ging auch nicht nach Jerusalem zu denen, die vor mir Apostel waren, sondern begab mich nach Arabien und kehrte von dort nach Damaskus zurück."

F. B. Meyer meint, dass mit Arabien die Halbinsel Sinai gemeint ist, jenes für die Israeliten so hoch bedeutsame Stück Erde, wo Wüste und Oasen von der 40-jährigen Wanderung des Volkes Israel von Ägypten nach Kanaan erzählten.

Welcher Ort auf der weiten Erde hätte besser zur göttlichen Erziehung des jüdischen Bekenners Christi gepasst, als dieser fast unbewohnte? Hier lagen die Berge Sinai und Horeb, hier in diesen Tälern war einst die Stiftshütte angefertigt worden.

All diese Orte verkündigten den Messias: der durchbohrte Fels, der Wasser gegeben hatte, der Ort, wo einst die eherne Schlange, das Symbol des Gekreuzigten, aufgestellt worden war.

Nicht umsonst ist der Name unseres Herrn „Wunderbar", denn wunderbar verfährt er mit den Werkzeugen, die er erwählt und zum Dienst berufen hat.

Mose, der frühere Führer und Befreier des alten Bundesvolkes, musste in die Einsamkeit der Wüste, wo sich Gott ihm in ungestörter Stille offenbaren konnte: „Ich bin, der ich bin!" Auch Saulus, der künftige Pionier einer neuen Zeit, der allen Nationen der Welt den Weg aus dem geistlichen Ägypten ins himmlische Kanaan erschließen sollte, musste in die Wüste, damit Christus sich ihm so offenbaren konnte.

Ich denke nicht, dass Jesus in der Wüste mit Saul

noch einmal von Mund zu Mund geredet hat wie vor den Türen von Damaskus. Saul war mit dem geschriebenen Wort Gottes nach Arabien gegangen und mit dem, was er auswendig daraus wusste, und nun erforschte und verglich er das ihm wohlbekannte Leben Jesu von Nazareth Schritt für Schritt mit den Schriften Moses und der Propheten.

Es war gut, dass Saul ein Zeltweber war. Nun konnte er sich unter den Beduinen seinen Lebensunterhalt verdienen und nebenbei die Heilige Schrift erforschen und Gott näher kennen lernen.

5. Am anderen Ufer

Endlich war das Herz des jungen Theologen mit dem Reichtum der wunderbaren Wahrheiten beschenkt worden; er musste anderen davon erzählen, er musste zurück nach Damaskus. „Die Juden in Damaskus waren bestürzt. Aber Saulus ließ sich nicht irremachen und wies aus den heiligen Schriften nach, dass Jesus der versprochene Retter ist."

Nur durch intensives Forschen in der Bibel und durch Vergleichen der Briefe des Paulus mit den von Lukas berichteten Ereignissen in der Apostelgeschichte können wir herausfinden, dass Saulus zwei Mal in Damaskus war. Wir müssen Paulus glauben, wenn er selbst sagt: „Ich kam nicht nach Jerusalem, sondern zog hin gen Arabien", und dürfen uns nicht über Lukas wundern, dass er den zweimaligen Aufenthalt Sauls in Damaskus zu einem verbunden hat.

Wie gern wäre ich damals in Damaskus gewesen, als Saul von Tarsus aufs Neue dahin zurückkehrte! Die Gemeinde von Damaskus war seit jener Zeit sicherlich gewachsen, und viele Juden standen noch vor der Entscheidung, ob sie den gekreuzigten und auferstandenen Jesus als ihren verheißenen Messias annehmen oder verwerfen sollten. Von ganzer Seele hätten die Jünger Jesu sie von der Wahrheit zu überzeugen gewünscht; aber sie konnten es nicht. Da plötzlich steht der vor ihnen, an welchen sie oft gedacht, von welchem sie seither nichts mehr gehört hatten. Viele hatten sehnsüchtig auf seine Rückkehr gewartet und darum gebetet.

Als Mose vom Sinai herabstieg, erzählte der Glanz in seinem Gesicht von den vergangenen Stunden unmittelbarer Gemeinschaft mit Gott. Und was erzählte das stille, freudestrahlende Antlitz Sauls? Dass er aus der unmittelbaren Nähe Jesu kam, ja noch mehr, dass Christus mit ihm und in ihm gekommen war. Und dies wollte er jetzt vor den Menschen bezeugen. Er erzählte nicht mehr von sich und seiner Bekehrung, nein; er bewies mächtig und unwiderleglich aus der Schrift, dass Jesus der Christus sei. So manch fragender Mensch wurde dem Satan, dem Unglauben und den Zweifeln entrissen. Die Tage vergingen und die Reihen der widerstrebenden Juden begannen sich zu lichten, die Schar der Christen nahm zu und Satan wütete.

Wenn Ananias zu diesem Zeitpunkt noch gelebt hat, durfte er mit eigenen Augen sehen, wie sich an Saul die vorher geweissagten Leiden um Christi und seines Namens willen zu erfüllen begannen. Lukas erzählt, dass die Juden einen Rat abhielten, ihn zu töten, und Tag und Nacht die Tore bewachten, um ihn gefangen zu nehmen.

Dieses Mal war die Verfolgung gegen eine einzige Person gerichtet. Von Saulus strömte die Liebe Gottes aus, darum wollte Satan ihn um jeden Preis vernichten. Stellen wir uns diese große Gefahr vor. Die

Bewohner einer Stadt bis auf einen kleinen Teil befanden sich in Aufruhr, die Obrigkeit und das Militär waren auf ihrer Seite, und all das gegen einen Menschen. Die Häuser wurden durchsucht. Drinnen konnte er sich nicht verbergen, und durch die bewachten Tore gab es kein Entrinnen. Und dennoch fand die Liebe einen Weg. „Da nahmen ihn die Jünger bei Nacht und taten ihn durch die Mauer und ließen ihn in einem Korb hinab." (Apostelgeschichte 9,25)

Damit war seine schöne Tätigkeit unterbrochen. Zum ersten Mal lernte Saul die Todesgefahr kennen, zum ersten Mal trat die bange Frage an ihn heran: Wohin nun?

Diese Erfahrung erweckte solch einen Sturm schmerzlicher Erinnerungen in seinem Herzen, dass er sich unwiderruflich entschied: „Nach Jerusalem!" Aber dort bedrückte ihn noch eine große Schuld. Er musste bei den Familien derjenigen um Vergebung bitten, welche er einst gepeinigt hatte.

Auf dem Weg nach Jerusalem gedachte er der Liebe und der Tränen seiner Geschwister in Damaskus, mit denen sein Herz fest verknüpft war. Wie sehr freute er sich, je näher er Jerusalem kam, auf ein gutes, brüderliches Wort, auf einen Kuss der Liebe, auf den Anblick jener glücklichen zwölf Jünger, die drei Jahre lang den Herrn in ihrer Mitte gehabt hatten.

Aber bleiben wir ein wenig mit dem einsamen Pilger am Tor von Jerusalem stehen. Der Abend bricht herein. Vom Tempel her, dessen goldene Zinnen im scheidenden Licht der Abendsonne erglänzen, erschallen lang gezogene Posaunentöne und darauf folgt unvergleichlich schöner, von zahlreichen Instrumenten begleiteter Gesang. Einen Augenblick lang jubelt Saul, aber dann ist es ihm, als durchbohre ein Schwert seine Seele. Seine ganze Vergangenheit zieht an seinem inneren Auge vorüber, und dabei durchdringt ihn das schmerzliche Bewusstsein, dass er hier niemanden mehr hat, dass er alles verloren hat, als er sich auf die Seite des Gekreuzigten gestellt hatte.

Vielleicht kam er schon in diesem Augenblick zu dem Entschluss, den er in seinem ganzen späteren Leben verwirklichte: zu vergessen, was da hinten ist, und sich zu strecken nach dem, was da vorne ist. Im Vertrauen auf Gott geht er auf das erste Haus eines der ihm bekannten Christen zu.

Er ahnt nicht, was auf ihn wartet. Lukas beschreibt diesen Augenblick sehr kurz: „Da aber Saulus nach Jerusalem kam, versuchte er, sich zu den Jüngern zu tun; und sie fürchteten sich alle vor ihm und glaubten nicht, dass er ein Jünger wäre."

Wer ermisst die Tiefe des Leides, das für Sauls Herz in den Worten lag: „Sie fürchteten sich alle vor ihm." Ja, alle, denen er begegnete. Vergeblich bat er sie um Vergebung; sie glaubten nicht, dass er ein Jünger war. Er eilte mit so viel Liebe zu ihnen – und sie glaubten ihm nicht. Die tiefen Wunden, die er ihnen vor drei Jahren zugefügt hatte, waren noch nicht geheilt. Vielleicht hätten sie geglaubt, wenn ihm die Brüder von

Damaskus eine Empfehlung mitgegeben hätten – aber Zeit und Umstände hatten das nicht erlaubt. Das Verhalten der Christen in Jerusalem ist aber auch verständlich. Hätte sich zur Zeit der spanischen Inquisition irgendein Inquisitor bekehrt – die dem Tode preisgegebenen Gotteskinder hätten ihm wohl auch kaum geglaubt.

Es war eine sehr menschliche Reaktion, aber wer beschreibt Sauls Schmerz?! Dieses Leiden übertraf bei weitem die Stunden der Trübsal in Damaskus, denn es war nicht um Christi willen, sondern eine natürliche Folge begangener Sünde. Ja, Gott vergibt dem reuigen Sünder auch die größte Sünde, das Blut Jesu Christi tilgt auch die schwärzesten Flecken vor Gott – aber auch vor den Menschen? Mit Recht sagt ein polnisches Sprichwort: „Erzürne die Menschen nicht; denn Gott vergibt, aber die Menschen vergeben nicht."

Tage voller Trauer waren das für Saul. Ich stelle mir vor, wie Saul – vielleicht wieder eines Abends – durch die Straßen von Jerusalem ging und dort Barnabas, dem weitherzigen und von Liebe erfüllten Sohn aus dem Hause Levi, begegnet. Es wird angenommen, dass er ein Verwandter von Saul war.

Wenn Saul wirklich mit ihm verwandt war, dann wusste er wohl auch, dass dieser Mann einst seinen ganzen Besitz verkauft hatte und bereit war, in freiwillig erwählter Armut dem gekreuzigten König nachzufolgen.

Das freundliche, liebevolle Antlitz des Barnabas flößte Saul soviel Zutrauen ein, dass er ihn begrüßte. Ein Wort gab das andere: Barnabas lud wohl seinen Verwandten zu sich ein, er stellte Fragen, er ließ sich als erster Sauls Bekehrungsgeschichte erzählen – und das Schönste: er glaubte ihm. Endlich ruhte das wunde Herz des jungen Mannes an einem Bruderherzen, endlich ward ihm ein Bruderkuss zuteil. Sie weinten und beteten zusammen.

„Und nun komm", sprach Barnabas, „ich führe dich zu den Aposteln." Dort musste Saul nichts erklären; Barnabas erzählte den Aposteln, wie ihm der Herr Jesus dort bei Damaskus begegnet war und auch wie Saul in Damaskus für ihn gearbeitet und gelitten hatte.

„Und er war bei ihnen", schreibt Lukas. Die Apostel nahmen ihn in ihren Schutz und ermöglichten es ihm, das, was er erfahren hatte, weiter zu verkündigen. Auf andere Weise hätte er wahrscheinlich keinen der viel beschäftigten Zeugen Jesu für sich gewinnen können. Sie sahen, dass der Heilige Geist sein erwähltes Werkzeug selbst formte, und sie überließen es ihm. Darum schreibt er nach Jahren an die Galater: „Mich haben die, die das Ansehen hatten, nichts anderes gelehrt."

Wohl verkündigte Saul in Jerusalem den Herrn Jesus frei, aber nur den Griechen. Zu den Juden fand er in Jerusalem keinen Zugang. All seine Bemühungen, zu denen, die ihn erzogen hatten oder wenigstens zu den Gefährten seiner Jugendzeit zu gelangen, seine Wünsche, wie Stephanus vor dem Hohen Rat ein

Zeugnis abzulegen, scheiterten alle an der Unzugänglichkeit seiner ehemaligen Freunde und jetzigen Gegner.

Als er im Tempel sein ganzes Herz vor dem Herrn ausschüttete und ihm sein Leid klagte, tröstete der Herr seinen schwachen, tief gebeugten Diener. Wohl mochte Saul eindringlich flehen: „Gib mir, Herr, die Möglichkeit, zu ihnen zu gelangen und diese Seelen für dich zu gewinnen!" Der Herr antwortete ihm: „Eile und mache dich auf von Jerusalem; denn sie werden nicht auf dein Zeugnis von mir hören!"

„Herr", entgegnete Saulus, „sie wissen alle, dass ich die Christen gefangen nahm und sie verfolgte und dass ich auch bei der Hinrichtung des Stephanus dabei stand und Freude daran hatte."

Auf diesen tiefen, schmerzlichen Seufzer der Selbstanklage: „Ich bin nicht wert, dass du mich in deinem Dienst gebrauchst", kommt die liebevolle Ermutigung aus dem Munde des Herrn: „Gehe hin, denn ich will dich in die Ferne unter die Heiden senden!"

Bald darauf brach die große Verfolgung von Seiten der hellenischen (griechischen) Juden über Saul herein, sodass die Brüder ihn nach Tarsus sandten, um ihn am Leben zu erhalten. Nach Jahren nun befand sich Saul, der einst mit heißen Segenswünschen und voll froher Hoffnungen von Tarsus nach Jerusalem gesendet worden war, wieder in seiner Vaterstadt.

Wenn wir die Lebensgeschichte bekehrter Juden unserer Tage lesen, dann können wir uns leicht vorstellen, was Saul daheim erwartete. In dem Leben des künftigen Apostels sollte ein Kapitel folgen, das dem, der so etwas je erlebt hat, in ewiger Erinnerung bleiben wird.

Als Saul in Jerusalem erkannte, dass er unter den Juden keine Chance hatte, dachte er, dass ihm nichts anderes übrig blieb, als irgendwo in der Verborgenheit als Weber zu arbeiten. Damals erklang ihm aus dem Munde des Herrn das unerwartete und sicher auch unbegreifliche Wort der Gnade: „Gehe hin, ich will dich in die Ferne unter die Heiden senden!"

In Damaskus war damals der Widersacher Jesu von Nazareth, der Pharisäer und künftige Reformator der jüdischen Religion gestorben, im Tempel zu Jerusalem mussten die letzten Hoffnungen, Träume und Wünsche eines Jüngers Jesu sterben, der sein Volk leidenschaftlich liebte und bereit war, es zu retten. Der Herr selbst begrub sie mit den Worten: „Sie werden dein Zeugnis nicht annehmen." Und in Tarsus wartete noch ein Sterben auf ihn, ein schmerzliches Sterben.

Wie jeder wahre Israelit, so liebte Saul seine Eltern und seine nächsten Verwandten mit solch einer innigen Liebe, mit der die Juden und andere orientalische Völker bis heute die Ihrigen lieben. Ebenso wurde auch er geliebt. Die Familie hielt sehr stark zusammen.

Wie mochte es Saul wohl ums Herz sein, als er nach langjähriger Abwesenheit wieder das Haus seiner Eltern betrat?

Vater! Mutter! Große Freude breitete sich in Sauls Herz aus. Ich glaube wohl, dass Saul seinen Eltern mitgeteilt hatte, welche Wandlung in ihm vorgegangen war. Aber wer kann sagen, ob er eine Antwort bekommen hatte? Jene Wandlung hatte in Damaskus stattgefunden; von dort aus hatte ihn Gottes Weg in die arabische Einsamkeit, dann wieder nach Damaskus und darauf auf den Kampfplatz nach Jerusalem geführt. Nun war er endlich daheim. Nur noch wenige Augenblicke, und der einst so geliebte und später so schmerzlich beweinte Sohn, der alle die Hoffnungen seiner Eltern in Damaskus begraben hatte, stand seinen Eltern gegenüber.

Nach Jahren sendet der Apostel seiner Mutter und seinem Bruder, als Glieder der Gemeinde Christi, Grüße. Sein Vater wird nicht mehr erwähnt, aber vielleicht hat der Herr es gegeben, dass Saul auch ihn unter den Nachfolgern Christi sehen durfte. Aber heute, am Tag seiner Ankunft, wird er von denen, die ihn beim Abschied gesegnet hatten, mit einem Fluch begrüßt. Ich glaube nicht, dass sein Vater, dieser strenge Pharisäer, die Bekehrungsgeschichte seines Sohnes ohne einen furchtbaren Wutausbruch angehört hätte. Kaum erlaubte man ihm, noch eine Nacht unter dem väterlichen Dach zu verbringen, und wenn man es erlaubte, geschah es mit der Hoffnung, ihn von seinem Irrweg abzubringen und aufs Neue fürs Judentum zu gewinnen.

Wir wissen nicht, wie lange Saul in Tarsus weilte,

während sich in Juda große Dinge von weit tragender Bedeutung abspielten. Aber wenn Saul dachte, dass er dort in Arabien mit Christus gekreuzigt worden war, dann hatte er sich geirrt. Erst hier in Tarsus, wo wir nirgendwo lesen, dass ihm der Herr auch nur eine Seele geschenkt hatte, erst hier war für ihn das Land Midian, wie einst für Mose.

Ich denke, wie einst der Aufenthalt in Tarsus sehr viel zu seiner Erziehung beigetragen hatte, so trug er jetzt viel zu seinem völligen Gestorbensein bei. Eltern, Verwandte, Freunde, Bekannte, sie alle wandten sich von ihm ab, nachdem ihre Versuche, den verirrten Sohn wiederzugewinnen, erfolglos geblieben waren. Sie stießen ihn aus ihrem Haus und aus ihrem Herzen. Jeder wich ihm aus, niemand grüßte ihn, niemand reichte ihm die Hand. Der einst so hoch geehrte Saul von Tarsus, den einst alle Mütter in Tarsus gesegnet und ihren Söhnen als Beispiel vorgestellt hatten, war jetzt so verachtet, dass er sich kaum auf der Straße zeigen durfte.

Hätten in Tarsus nur Juden gewohnt, dann hätte er vor Hunger sterben müssen. So waren es wohl Araber und Beduinen, die ihm seine Arbeiten abkauften. Aber es gab noch eine andere Einsamkeit dort als in der arabischen Wüste. Die Wüste war eine Zeit der Vorbereitung auf große Dinge gewesen, aber wie war es Saul jetzt zumute! Die Fülle des Geistes, die Ausgießung der köstlichen Geistesgaben, das große Licht und die tiefe Erkenntnis des Wortes Gottes –

all das berechtigte ihn zu der Hoffnung, einen großen Teil seines jüdischen Volkes für Jesus zu gewinnen, wenn er nur die Gelegenheit dazu haben würde. Dazu spürte er die Gegenwart des gekreuzigten und auferstandenen Heilandes, diese Liebe, die durch den Heiligen Geist in seinem Herzen Wurzeln geschlagen hatte.

Die Einsamkeit in Arabien war für ihn eine großartige Schule gewesen! Aber jetzt? Diese Tage waren ein langsames Sterben alles dessen, was das kurze, aber inhaltsreiche Wörtchen „Ich" einschließt! Sauls „Ich" starb; und als es unter vielen Schmerzen gestorben war, durfte er sagen: „Ich lebe, doch nun nicht ich, sondern Christus lebt in mir." Und dann lesen wir in Apostelgeschichte 11,25: „Barnabas aber zog aus nach Tarsus, um Saul zu suchen."

Vielleicht bist du, lieber Bruder, liebe Schwester, heute in ähnlicher Lage wie Saul. Die große Begeisterung, die Freude am Herrn Jesus, deine Hoffnungen und Pläne, sie sind alle dahin. Verachtet, verkannt, vergessen, fühlst du mit Angst, wie etwas in dir erstirbt. Es gibt keine Gelegenheit, Menschen für Christus zu gewinnen; nirgends eine Aussicht auf Veränderung. Leide, hoffe und warte, vielleicht ist dein Herr bald mit dir fertig; vielleicht ist schon ein vom Herrn gesandter Barnabas unterwegs, um dich zu finden und dahin zu führen, wo auf dich eine Arbeit im Reich Gottes wartet. „Denn wir sind sein Werk, geschaffen zu Christus Jesus zu guten Werken, welche Gott zuvor bereitet hat, dass wir darinnen wandeln sollen."

6. Auf dem Kampfplatz

Verlassen wir Saul für einen Augenblick und betrachten den Fortgang des Reiches Gottes in Kanaan.

Nachdem die Jünger Saul nach Tarsus gesandt hatten, lesen wir: „Die Gemeinde des Herrn in Judäa, Galiläa und Samarien erlebte nun eine friedliche Zeit. Sie festigte sich, und ihre Glieder lebten im Gehorsam gegenüber Gott." Von dem Apostel Petrus lesen wir, dass er diese Gemeinden alle durchzog, um sie im Glauben zu stärken, bis er nach Joppe kam, um von da aus dem Ruf nach Cäsarea zu folgen und im Hause des Hauptmanns Kornelius Christus, den Gekreuzigten, zu predigen. Er, ein strenger Israelit, war das von Gott erwählte Werkzeug, durch das das Evangelium zu den Heiden gelangen sollte.

Dort in Cäsarea, wo die heidenchristliche Kirche geboren wurde, lüftete Gott den Schleier des Geheimnisses, das bisher mit einer unsichtbaren Hülle umgeben war, nämlich dass auch die Heiden Miterben des ewigen Lebens und teilhaftig der Gnade Gottes seien, und dass es Gottes Wille sei, dass allen Menschen geholfen werde und sie zur Erkenntnis der Wahrheit kommen.

Während dort das Feuer des Heiligen Geistes die Herzen der Heiden entzündete, so wie es vor Jahren am Pfingstfest die Herzen der Juden zu Jerusalem entzündet hatte, ergoss sich ein Strom dieses Feuers durch einige Christen nach Antiochien. Und wir lesen, dass die Hand des Herrn mit ihnen war, sodass es eine große Erweckung gab und viele sich zum Herrn bekehrten. Die Kunde davon kam auch nach Jerusalem, und sie sandten Barnabas aus, um diese Ereignisse zu prüfen.

Welch eine Freude erfüllte Barnabas, als er sah, dass die Scheidewand, die die Nationen bisher getrennt hatte, zerbrochen war, und dass Jesus Christus, der König, über alle Völker herrschen sollte. Er sah die Gnade und das Werk Gottes, er brauchte den Gläubigen nichts anderes zu bringen als die ernste und liebevolle Ermahnung, dass sie mit festem Herzen am Herrn bleiben sollten.

Es war sicher der richtige Mann, den die Kirche gesandt hatte. Er konnte die Schwachheit der jungen Gläubigen tragen und wollte sie nicht mit den jüdischen Geboten schlagen.

Er war ein Mann voll Heiligen Geistes. Der Geist der Weisheit, des Friedens, der Liebe und der Kraft wohnte in seinem Herzen, sprach aus seinem Munde und leuchtete aus seinem Leben. Und er war ein Mann voll Glaubens. Er gab sich nicht mit den gewonnenen Seelen zufrieden, nein, er hoffte immer wieder aufs Neue. Er glaubte, bat – und handelte. Die Erweckung flaute nicht ab, das Feuer erlosch nicht. Es wurde ein großes Volk dem Herrn zugetan.

Barnabas befand sich plötzlich in einer großen Arbeit, und sie wuchs ihm beinahe über den Kopf. Diese neu gewonnenen, unwissenden Seelen brauchten einen Lehrer, der sie tief in die Schrift einführen konnte, damit sie festen Boden unter den Füßen gewinnen konnten, um zu bestehen, wenn die erste Begeisterung verflogen war und sich Glaubensprüfungen einstellten.

Ich stelle mir ihn vor, wie er darüber nachdachte, den Kopf in die Hand gestützt. Plötzlich springt er auf, eine freudige Erinnerung leuchtet in seinen Augen. Endlich hat er den Richtigen gefunden: Saul von Tarsus! Wenn jemand, dann war er für diese Arbeit geeignet, der Mann mit seiner tiefen, theologischen Bildung, mit seiner gründlichen Schriftkenntnis. Ja, er und kein anderer!

Nach dem ersten Gebet, in welchem der Heilige Geist seinem Diener versicherte, dass dieser Gedanke von ihm eingegeben war, machte sich Barnabas auf, um Saul in Tarsus zu suchen. Wenn dort geschrieben steht: „Und da er ihn fand, führte er ihn nach Antiochien", so können wir uns vorstellen, dass es Barnabas viel Mühe gekostet hatte, bis der in ärmlichen Verhältnissen in irgendeiner Vorstadt lebende Saulus endlich vor ihm stand.

Sicher traten ihm die Tränen in die Augen, als er ihn ans Herz drückte, und auch Saul weinte nach langer Zeit wieder in den Armen eines Bruders. Diese Tränen lösten die Eisesrinde des Schmerzes.

Barnabas brachte Saulus neues Leben, denn er brachte ihm die Hoffnung: Der Herr beruft mich in seinen

Dienst! Das Gespräch der beiden hat sich vielleicht so zugetragen:

„Wo kommst du her, mein Bruder?", rief Saul, sich aus der Umarmung lösend.

„Ich suche dich, Saulus; ich dachte schon, ich würde dich nie finden. Du wirst mit mir kommen."

„Wohin?"

„Dorthin, wo dich unser Herr gebrauchen will."

Sie setzten sich, und Saulus konnte seinen Blick nicht von Barnabas abwenden. Sein Herz jubelte vor Freude bei diesen herzerquickenden Nachrichten.

„Und ich sollte in diese Arbeit eintreten? Ich bin es nicht wert!"

„Darauf kommt es nicht an, Bruder. Aber Jesus ist es wert, dass wir für ihn leben und sterben. Und hat er dir nicht verheißen, dich unter die Heiden zu senden? Nun, das sind Heiden."

In Sauls Seele wurde es völlig hell. Sie waren beide gewiss, dass sie den Ausspruch des Herrn verstanden. Sie gaben ihm die Ehre, und Saul ging zum zweiten Mal aus der Stille hinaus auf den Kampfplatz, ahnungslos, dass er nie mehr von diesem Kampfplatz zurückkehren würde, um irgendwo in der Stille zu ruhen, bevor er in Gottes Reich Ruhe finden würde.

Niemand in Tarsus, auch nicht Barnabas, ahnte, welch ein Kämpfer und Führer in Saulus die Stadt verließ. Einst würde er den Menschen zurufen: „Seid meine Nachfolger, gleichwie ich Christi! Und wandelt, wie ihr uns zum Vorbild habt!" – und am Ende seines Lebens würde er ohne ungeziemenden Hochmut sagen dürfen: „Ich habe einen guten Kampf gekämpft, ich habe den Lauf vollendet, ich habe Glauben gehalten. Hinfort ist mir beigelegt die Krone der Gerechtigkeit, welche mir der Herr der gerechte Richter an jenem Tage geben wird."

Aber dort sind wir noch nicht. Vorerst galt es auch für Saul:

Will ich des Heilandes Streiter sein
und Christo folgen nach,
und nicht für Jesum stehen ein,
nicht tragen seine Schmach?
Der Weg ist rot von Zeugenblut –
sollt' ich auf Rosen gehen?
Wo andre einst durchkreuzt die Flut,
sollt' ich am Ufer stehn?
Nein, streiten muss, wer siegen will,
drum, Heiland, gib mir Kraft,
zu kämpfen recht, zu leiden still
in treuer Ritterschaft.

7. Gottes Sendung

„Barnabas führte ihn nach Antiochien. Ein ganzes Jahr lang wirkten beide gemeinsam in der Gemeinde und unterwiesen viele Menschen im Glauben. In Antiochien kam zuerst die Bezeichnung ‚Christen' für die Anhänger Jesu auf."

So kurz und mit wenigen Worten kann nur das Wort Gottes große Dinge erzählen. Barnabas hatte nicht vergebens gehofft, dass er in Saul eine Hilfe finden würde. Dort, wo das Leben des alten Menschen aufhört, beginnt das Leben Jesu. Saul war sich selbst gestorben, und nun lebte Christus in ihm und mit ihm. Und darum gab es in Antiochien bald volle Versammlungen. Sooft Saulus den Mund öffnete, stand Jesus, der gekreuzigte und lebendige, von den Toten auferstandene Christus, und er allein, vor den Augen seiner Zuhörer. Christus war das Thema seiner Evangelisation und das Hauptthema seiner Lehre.

So zu lehren, so tief in die Schrift einzuführen, das hätte Barnabas nicht gekonnt; so zu überzeugen, so alle Zweifel zu zerstreuen, das verstand nur der, den Jesus selbst auf dem Weg vor Damaskus überwunden hatte, den er gleich den übrigen Aposteln drei Jahre unterwiesen und dem er Teil an seinem Leiden geschenkt hatte. Kein Wunder, dass gerade in Antiochien den Nachfolgern Jesu zum ersten Mal der Name Christ oder Christin gegeben wurde.

Es war geradeso, wie wenn man heute Lutheraner, Calvinist, Methodist usw. sagt. Juden und Heiden wollten damit ausdrücken: Christi Jünger, Christi Nachfolger.

Wie traurig, dass sich heute breite Massen einen Anspruch auf den Christennamen anmaßen. Oft sind es Leute, denen Christus niemals etwas bedeutet hat und von denen er einst am großen Gerichtstag sagen wird: „Ich habe euch noch nie gekannt; weichet alle von mir, ihr Übeltäter!" Sie haben ihn nicht aufgenommen, als er kam, um ihnen die am Kreuz erworbene Vergebung anzubieten; er hat ihnen niemals die Macht geben können, Söhne und Töchter Gottes zu werden. Als er rief: „Kommet her zu mir, die ihr mühselig und beladen seid, ich will euch erquicken!", sind sie nicht gegangen, sie wollten nicht hören. Manche von ihnen haben sich angemaßt, zu behaupten, Jesus habe überhaupt nicht gelebt, und wenn er gelebt hätte, dann sei er nicht von den Toten auferstanden. Einige haben ihn geschmäht und gelästert. Andere haben in den Kirchen gepredigt, fromm gelehrt, von ihm gesungen, aber wenn er sprach: „Wo ihr euch nicht bekehrt, werdet ihr sterben müssen! Es sei denn, dass jemand von neuem geboren werde, kann er das Reich Gottes nicht sehen", dann glaubten sie nicht. Sie haben in frommer Selbstgerechtigkeit dahingelebt, haben sich selbst betrogen, und sind verloren gegangen. Und andere wieder haben so gelebt, dass sie Gott und Welt miteinander vereinigen wollten, obwohl

Christus spricht: „Niemand kann zwei Herren dienen; ihr könnt nicht Gott dienen und dem Mammon." Sie haben es dennoch versucht. Sie haben Kirchen gebaut, um das Wort Gottes darin zu predigen, sie haben sie am Vormittag mit Gebet und Gotteswort geheiligt, und am Abend wurde Theater gespielt oder ein Ball abgehalten und bis zum Morgen getanzt; und andere haben getrunken und Karten gespielt!

Es ist ein furchtbares Unglück, ein Christ zu heißen und es doch nicht zu sein, und diesen furchtbaren Betrug erst auf dem Sterbebett zu erkennen – wenn es zu spät ist, um ein Jünger und Nachfolger Jesu, des Gekreuzigten, zu werden. Es ist ein großer Verlust, niemals die Glückseligkeit der neuen Geburt kennen zu lernen.

Aber kehren wir zurück nach Antiochien zu jenen ersten, wahren Christen.

Unser Text erzählt uns weiter, dass in jenen Tagen Propheten aus Jerusalem nach Antiochien kamen und dass einer von ihnen durch den Geist eine große Hungersnot voraussagte, die über die ganze Welt kommen sollte.

Kaum hatten sie ihn angehört, legten sie schon Hand ans Werk, den Brüdern in Judäa Hilfe zu senden, ein Beweis der Liebe Gottes, die durch den Heiligen Geist in ihren Herzen stark war! Sie vertrauten ihre Spende Saulus und Barnabas an und schickten sie nach Jerusalem.

So kam Saulus nach Jerusalem, aber wahrscheinlich

hat er dort niemanden von den Aposteln gesehen. „Vielleicht", so schreibt F. B. Meyer, „waren diese infolge der in Kap. 12 beschriebenen Verfolgung genötigt, Jerusalem für einige Zeit zu verlassen." Darum wollen auch wir nicht länger bei diesem Besuch verweilen. Er ist uns nur ein Beweis dafür, dass die Jünger Christi aus den Juden und den Heiden am Anfang eins waren, und dass sie tatkräftige Liebe verband.

Diese erste Spende führte Saul dazu, dass er künftig in allen von ihm gegründeten Gemeinden Kollekten anordnete, welche dann regelmäßig nach Jerusalem gesandt wurden.

Das 13. Kapitel führt uns in eine hoch bedeutsame Gebetsversammlung. Barnabas, Simon der Afrikaner, Lucius von Kyrene, Manahen, ein ehemaliger Höfling des Fürsten Herodes und Saulus, diese fünf Mitarbeiter des Herrn in Antiochien, hatten sich von ihrer Arbeit zu gemeinsamem Gebet zurückgezogen.

War ihnen die Arbeit über den Kopf gewachsen? Wollten sie aus dem unversieglichen Quell lebendigen Wassers neue Kraft schöpfen? Oder wollten sie weiterziehen und sich von Gott einen neuen Ort zeigen lassen?

Ich weiß nicht, wie es war. Aber eins ist sicher: Der Einfluss der Tage und Stunden, die diese fünf Männer vor dem Herrn verbracht hatten, machte sich nach Jahren noch bemerkbar. Der Herr bereitete den Boden für den Samen des Wortes Gottes vor und zerbrach eiserne Türen, sodass die Evangelisten in scheinbar unbezwingliche Festungen eindringen und Christus verkündigen durften.

Die nächste persönliche Folge des Gespräches mit Gott war der Befehl des Heiligen Geistes: „Sondert mir aus Barnabas und Saulus zu dem Werke, dazu ich sie berufen habe."

Ganz sicher waren die Christen in Antiochien im ersten Augenblick erschrocken, als ihnen dieser Befehl mitgeteilt wurde. Barnabas zu verlieren bedeutete den Verlust eines gütigen Vaters; und wer würde ihnen ihren Lehrer Saulus ersetzen?

Aber wir lesen nicht, dass sie auch nur mit einem Wort widersprochen hätten. Christus ging ihnen über alles. Wenn er von ihnen das Beste, das Teuerste forderte, dann waren sie bereit, es ihm zu geben mit dem Vertrauen, dass er auch weiterhin für sie sorgen würde. Auch darin offenbarte sich ihre Ähnlichkeit mit Christus. Sie konnten wortlos und ohne Klage dem Befehl des Herrn gehorchen.

Aufs Neue wurde eine Gebetsversammlung einberufen. Wie wichtig ihnen dieses Gebet war, ersehen wir daraus, dass sie es in tiefer Demut und mit Fasten vollzogen. Während die ganze Gemeinde für sie betete, legten die Ältesten der Gemeinde den geliebten Lehrern die Hände auf und überließen sie so dem Heiligen Geist.

Dieser Bibelabschnitt zeigt uns, was für Missionare, Evangelisten, Pfarrer und Prediger, die zum Dienst an Christus ausgesandt werden sollen, getan werden soll.

Und zwar sollten nur solche, die der Heilige Geist berufen und denen er auch die völlige Gewissheit darüber gegeben hat, unter demütigem Gebet und Fasten ausgesandt werden.

Wer aus eigenem Willen hinausgeht, ohne einen Ruf vom Herrn zu haben, muss auf eigene Kosten arbeiten. Der Herr hat nicht verheißen, ihm Kraft und Macht aus der Höhe zu senden.

Entscheidend sind dann auch die Resultate solcher Arbeit. Manch einer wäre glücklicher, und würde einmal leichter vor dem Gericht Christi bestehen können, wenn er sein Feld bestellen oder seinen Mitmenschen Kleider oder Schuhe anfertigen würde, anstatt sich durch Menschen in den Weinberg des Herrn senden zu lassen, ohne vom Herrn berufen und ohne mit Kraft aus der Höhe ausgerüstet zu sein!

Jeder Christ muss ein Zeuge Jesu sein; aber ein Evangelist, ein Missionar, ein Pfarrer, ein Lehrer des Wortes muss vom Herrn erwählt und berufen sein, denn nur so kann er sein Leben nützlich im Dienst Christi verbringen und einmal als Sieger von der Welt heimgehen, um die Krone des Lebens zu empfangen.

Aber wo wird das heute noch beachtet? Deshalb gibt es so viel Arbeit und so wenig Erfolg!

Mit dem 9. Vers im 13. Kapitel schließt die Geschichte Sauls von Tarsus; denn dort lesen wir, dass Saulus nun Paulus genannt wurde. Wie er zu diesem Namen kam, wann er ihn erhielt, wissen wir nicht. Von jener Zeit an lebt für uns nur noch Paulus, der

Apostel der Heiden. Saulus war als ein Mitgekreuzigter mit Christus gestorben, und Paulus lebte an seiner statt mit Christus dem König und litt und arbeitete für ihn. Gott hatte ihn zu einem Menschen geformt, den er in seinem Dienst gebrauchen konnte; er hatte ihn ausgebildet und ihm eine Aufgabe anvertraut. Daher ist es ein verhängnisvoller Irrtum, Leuten ohne einen von Gott selbst geformten Charakter eine Arbeit im Reich Gottes anzuvertrauen mit der Hoffnung, dass diese Arbeit sie erziehen würde. Nicht die Arbeit schafft Charaktere, sondern Gottes Charaktere schaffen die Arbeit. Der Apostel Paulus spricht die Wahrheit, aus der Fülle seiner eigenen, reichen Erfahrungen heraus, wenn er in 1. Tim. 3 beschreibt, welchen Leuten man die Arbeit im Reich Gottes anvertrauen dürfe. Wenn man immer nach diesen Regeln handeln würde, dann stünde es besser in den Landeskirchen und den Freikirchen.

8. Mit dem Licht in der Hand

Nirgendwo mehr in der Bibel lesen wir den Namen Saul von Tarsus, er verschwindet mit dem 13. Kapitel der Apostelgeschichte, denn an dem auserwählten Werkzeug Gottes erfüllte sich die Verheißung: „Du wirst mit einem neuen Namen genannt werden, welchen des Herrn Mund nennen wird." Möge auch dein alter Mensch so völlig mit Christus gestorben sein, dass Gott seiner nicht mehr gedenken würde! Der Heilige Geist hatte von der Gemeinde in Antiochien Barnabas und Saulus zu dem Werk gefordert, zu dem er sie berufen und zubereitet hatte. Die Gemeinde hatte gehorcht; sie hatte nicht gezögert, ihrem Herrn das Beste und Teuerste zu geben, was sie hatten, und ich glaube nicht, dass sie diesen Schritt jemals bereut hätten. Und heute? – Ist heute derselbe Eifer der Liebe und des Gehorsams vorhanden, wenn der Herr gebietet: „Sondert mir diesen oder jene aus, damit ich sie entweder unter die Heiden mit dem Licht des Evangeliums in der Hand oder als Diakon oder Diakonisse mit der Botschaft der praktischen Liebe hinaussende"? Sind unsere christlichen Väter und Mütter so freudig bereit, ihre Kinder ziehen zu lassen, wenn der Herr sie in einen Dienst in seinem Reich ruft, der vor der Welt freilich oft gering geachtet und wenig einträglich, vor Gott aber umso wertvoller ist?

Aber kehren wir zu den gehorsamen Dienern Gottes zurück. Bisher hatten sie das Wort Gottes in den jüdischen Schulen scheinbar ohne Erfolg verkündigt. Ihre Arbeit war nur Saat auf Hoffnung gewesen. Endlich kamen sie nach Paphos, wo sie einen nach der Wahrheit suchenden Menschen fanden. Sie reisten zu viert: der Herr, welcher verheißen hatte: „Siehe, ich bin bei euch alle Tage bis an der Welt Ende", sie beide und Johannes Markus, welchen sie auf ihre Reise mitgenommen hatten. Sie erhielten die Nachricht, dass am Hof des Landvogtes Sergius Paulus, eines verständigen Mannes, ein Prophet des Herrn lebe. Paulus wünschte diese Sache zu ergründen. Wenn Bar-Jesus ein wahrer Prophet war, dann würde der Heilige Geist, der in ihnen wohnte, das wohl erkennen.

Paulus überzeugte sich, dass sie es nicht mit dem Heiligen Geist, sondern mit einem Zauberer zu tun hatten, und dass dieser den armen, nach Wahrheit suchenden Landvogt Sergius mit seinen Irrlehren betrog.

Nun wurde die Sehnsucht des Landvogtes gestillt: er hörte das reine Wort Gottes, die frohe Botschaft des Heils drang an sein Herz, und er glaubte. Nun war seine hungrige und durstige Seele gesättigt. Das konnte Satan nicht ertragen; er unternahm alle möglichen Versuche, den Fürsten vom Glauben abzubringen und ihn aufs Neue in die quälende Ungewissheit zu stürzen, in der er zuvor geschmachtet hatte. Das ist die größte Gefahr, die neu bekehrten, noch nicht gefestigten Gläubigen begegnen kann. Der Glaube ist eine Gabe Gottes; er ist ein Schatz – und gerade darum hat Satan es immer und überall auf die verschiedenste Weise versucht, dem Menschen diese kostbare Gabe zu entreißen und ihn mit Zweifeln gegen Gott, gegen sein Wort und seine Diener zu erfüllen. Das erklärt den Eifer des Heiligen Geistes, der Sergius Paulus inbrünstig liebte und um dessen ewiges Heil er den Kampf mit dem Satan aufnahm. Satan wohnte in Bar-Jesus; er sprach und handelte nach seinem Willen und nach seiner Anweisung; aber der Heilige Geist erfüllte Paulus ständig mit neuer Macht aus der Höhe. Auch Paulus sprach und handelte unter dem Einfluss und der Leitung seines Herrn, als er Bar-Jesus streng anblickte und diesen falschen Propheten in seiner ganzen Erbärmlichkeit und wahren Gestalt offenbar machte, indem er ausrief: „Du Kind des Teufels voller List und Tücke, du kämpfst gegen alles Gute. Willst du nicht aufhören, die Absichten Gottes zu durchkreuzen? Der Herr wird dich dafür bestrafen: Du sollst blind sein und eine Zeit lang das Sonnenlicht nicht mehr sehen." So geschah es. Auf Bar-Jesus fiel Dunkel und Finsternis; er irrte umher und suchte nach jemandem, der ihn führen konnte. Als der Landvogt das sah, schwanden alle seine Zweifel; heilige Verwunderung erfüllte sein Herz, und der Glaube an Gott hielt siegreichen Einzug bei ihm.

Seit jenem Tag, seit jener Niederlage, die Paulus den unreinen Geistern bereitet hatte, verfolgte der Fürst der Finsternis das von Gott erwählte Werkzeug Schritt für Schritt, sein ganzes Leben, denn der Teufel vergisst und vergibt nicht. – „Ich werfe alle deine Sünden hinter mich zurück! Bekehre dich zu mir, denn ich habe dich erlöst! Ich will deiner Sünden nicht mehr gedenken!" So tut Gott. Aber wer nicht vergeben und vergessen kann, der ist vom Teufel. Wer hingegen vergibt und vergisst, der ist von Gott geboren.

Möglich, dass Paulus auf dieser Reise seinen Brüdern gegenüber erwähnte, dass nach der Weissagung, die ihm gleich bei seiner Bekehrung gegeben worden war, viel Leid auf ihn wartete und er sich dafür rüsten musste.

Dies hatte wohl eine so starke Wirkung auf den jungen Johannes, dass er auf dem kürzesten Weg nach Jerusalem zurückkehrte. Diese anstrengende Arbeit ohne augenblickliche Erfolge sagte ihm nicht zu. Er ging fort, und Paulus trauerte ihm nicht nach. Der ängstliche Johannes und der entschlossene Paulus passten nicht zusammen.

In Antiochien im Lande Pisidien besuchten beide Evangelisten die Synagoge. Wie gut, dass es überall jüdische Schulen und Synagogen gab. Wären diese nicht gewesen, dann hätten die Apostel des Herrn keinen solchen Zutritt zum Herzen ihres Volkes gehabt.

Da sitzen zwei jüdische Reisende in der Schule. Der Gottesdienst ist zu Ende, und der Oberste der Schule lässt ihnen sagen: „Liebe Brüder, wollt ihr etwas reden und das Volk ermahnen, so saget es!" Ich bin überzeugt, dass Paulus sich immer das Wort erbat, aber nicht von Menschen. Nein, er bat den Herrn, und die Menschen selbst mussten es ihm erteilen und ihm somit Gelegenheit geben, Zeugnis abzulegen. Diese Freiheit des Wortes war der Wahrheit sehr förderlich. Die heutige Einrichtung in den Kirchen, wonach nur einer predigen darf, und zwar Sonntag für Sonntag, während die anderen ihm zuhören und, wenn er fertig ist, auseinander gehen, ist ganz und gar unbiblisch und in der Zeit des Verfalls Roms in die evangelische Kirche übernommen worden.

Wir lesen nirgends, dass Paulus in einer Schule den ganzen Gottesdienst geleitet hätte, obwohl er als Pharisäer und Schriftgelehrter die Ordination dazu hatte. Er mischte sich nicht in die Pflichten des Vorstehers der Schule ein. Aber wenn dieser mit seiner Aufgabe zu Ende war und ihm Platz machte, dann nahm er es gerne und dankbar an.

Das Judentum war und ist eine Religion der Zeremonien und Verordnungen, und das heutige Christentum? Wenn Jesus heute in eine Kirche kommen würde, in der Ungläubige verkündigen, dass Jesus gar nicht von den Toten auferstanden wäre, würde man ihn predigen lassen? Dass der Heilige Geist, dass Gott selbst aus seinem Munde reden würde, das ist wohl wahr; aber hat er doch auf keiner theologischen Fakultät studiert, und das wäre ja gegen die kirchliche Ordnung! Ob unser Herr und Gott damit zufrieden sein kann?

Der Erfolg dieser ersten Predigt Paulus' in Antiochien war groß, obwohl er ihnen einfach nur Christus, den

Gekreuzigten und Auferstandenen, aus der Schrift bewies. Dennoch hatte er etwas Kostbares zu verkündigen: „Lasst euch also sagen, Brüder, dass euch durch diesen Jesus die Vergebung eurer Schuld angeboten wird, unter dem Gesetz Moses konntet ihr nicht vor Gott bestehen, aber wenn ihr Jesus vertraut, wird eure ganze Schuld getilgt."

Das, wonach jede Seele sich sehnt, ist Vergebung der Schuld, Versöhnung mit Gott, Befreiung von der Sünde. Und diesen kostbaren Schatz brachte der Apostel Paulus seinen Zuhörern im Namen Jesu.

Ist es da ein Wunder, dass beim Verlassen der Synagoge auch die anwesenden Heiden sie baten, ihnen am nächsten Sabbat dieselben Worte zu sagen? „Viele Juden und Leute, die zum Judentum übergetreten waren, schlossen sich nach dem Gottesdienst Paulus und Barnabas an. Die beiden ermahnten sie, unbeirrbar an dem Glauben festzuhalten, den Gott ihnen in seiner Gnade geschenkt hatte."

„Am folgenden Sabbat kamen fast alle Bewohner der Stadt in die Synagoge, um die Botschaft von Jesus zu hören." Es kam auch der Satan, und er reizte die Juden zum Neid, sodass sie widersprachen und lästerten. Da sprachen die Apostel zu ihnen: „Euch musste als Ersten die Botschaft Gottes verkündet werden. Aber weil ihr nichts davon wissen wolltet und euch selbst um das ewige Leben bringt, wenden wir uns jetzt an die Nichtjuden. Der Herr hat uns das befohlen; denn er sagt: ‚Ich mache euch zum Licht für die anderen Völker, damit alle bis ans Ende der Erde durch euch meine rettende Hilfe erfahren.' Als die Nichtjuden das hörten, freuten sie sich und dankten Gott für seine rettende Botschaft. Alle, die für das ewige Leben bestimmt waren, kamen zum Glauben."

Da wir hier bei einem Ausspruch der Schrift angelangt sind, der schon oft Anlass zum Nachdenken gegeben hat, wollen wir ein wenig dabei verweilen, bevor wir weitergehen.

„Alle, die für das ewige Leben bestimmt waren, kamen zum Glauben." Wurden die anderen nicht gläubig, weil sie nicht konnten, weil sie nicht dazu bestimmt waren? Wie passt das zu dem Ausspruch: „Gott will, dass allen Menschen geholfen werde und sie zur Erkenntnis der Wahrheit kommen?" Die einen konnten glauben, und die anderen wollten vielleicht gerne – und konnten nicht?

Schlagen wir Röm. 8,29.30 auf und lesen achtsam Wort für Wort:

„Gott hat alle, die er ausgewählt hat, dazu bestimmt, seinem Sohn gleich zu werden. Denn als der Auferstandene soll er der Erste unter vielen Brüdern sein. Alle aber, die Gott im Voraus dazu bestimmt hat, die hat er auch berufen. Und wenn er jemand berufen hat, dann sorgt er auch dafür, dass er vor ihm bestehen kann und wer vor ihm bestehen kann, dem gibt er Anteil an seiner eigenen Herrlichkeit."

Es ist eine Wahrheit, dass Gott Menschen auserwählt hat. „Gott will, dass allen Menschen geholfen werde und sie zur Erkenntnis der Wahrheit kommen", ist ebenfalls eine Wahrheit. Er ist der Allwissende; er weiß von Ewigkeit her, wer diejenigen sind, die an seinen Sohn glauben und das dargebotene Heil ergreifen werden. Und darum lenkt er in seiner unendlichen Liebe alle ihre Angelegenheiten so, dass sie zum Glauben kommen können; aber nicht nur ihre äußeren Verhältnisse und Umstände, sondern sie selbst leitet und lenkt er so.

Wenn in Antiochien an jenem Sabbat nur alle die zum Glauben kamen, die dazu bestimmt waren, so müssen wir nicht annehmen, dass die anderen nicht gläubig werden konnten. Der Glaube ist eine Gabe Gottes; um sie empfangen zu können, muss der Mensch innerlich vorbereitet sein. Ich denke, dass der Herr jedem, der zum Glauben kommen möchte, es zur rechten Zeit schenkt. Ein Mensch, der sich zur Zeit einer Erweckung nicht bekehrt, muss noch nicht ewig verloren sein. Gott allein weiß, wie viele Gelegenheiten wir selbst vorübergehen ließen, bevor wir gläubig wurden, und wie viel Mühe und Arbeit der Herr mit uns hatte, bevor sein Heiliger Geist uns innerlich so weit zubereiten konnte, dass wir bereit waren, den Sohn Gottes, unseren Heiland, aufzunehmen.

Säen wir den Samen des Evangeliums aus und überlassen die Ernte dem Herrn! Wir dürfen die Hoffnung nicht verlieren; diejenigen, die heute nicht gläubig wurden, können morgen zum Glauben kommen.

Die Arbeit in Antiochien in Pisidien, die mit so großem Erfolg begonnen hatte, endete für Paulus und Barnabas auf eine sehr demütigende Art und Weise. Durch Satan und seine Werkzeuge wurden sie aus dem Gebiet der Stadt verjagt. So kamen sie nach Ikonion. Welche Freude herrschte im Lager des Feindes! Endlich würde man Ruhe haben von diesem Jesus von Nazareth, den die Vertriebenen verkündet hatten. Aber „gegen den Herrn hilft kein Rat, keine Weisheit noch Stärke". Paulus hatte weichen müssen, aber der Heilige Geist, der die Herzen der Jünger in Antiochien mit seiner Freude erfüllte, war geblieben.

In Ikonion wiederholte sich dasselbe. Auch hier entstand ein Kampf zwischen Licht und Finsternis. Satan tobte und baute seine Bollwerke; er reizte Juden und Heiden. Und der Herr? Er gab den Jüngern Kraft und Ausdauer und bestätigte ihr Wort durch Zeichen und Wunder. Die Stadt teilte sich in zwei Lager: die einen hielten zu den Juden, die anderen zu den Aposteln; die einen zu Satan, die anderen zu Christus.

Satan und seine Anhänger wandten Gewalt an, denn er ist es, der Verfolgung von Menschen durch Menschen erfunden hat. Getreu dem Auftrag ihres Herrn: „Ihr sollt nicht widerstreben dem Übel", gingen die Jünger, obwohl sie eine große Volksmenge auf ihrer Seite hatten. Sie zogen weiter nach Lystra und Derbe.

In Lystra bekannte sich der Herr durch ein großes Wunder zu der Arbeit seines Dieners. Ein Mann, der von Geburt an lahm gewesen war und nie hatte gehen können, wurde gesund.

Das machte einen großen Eindruck auf die Heiden; aber wieder sorgte der Feind dafür, dass Paulus' Freude getrübt wurde.

Welch eine Enttäuschung! Paulus glaubte, dass nun die ganze Stadt anerkennen müsse: „Jesus ist der Sohn Gottes!" – war doch das Wunder in seinem Namen geschehen. Die Heiden würden ihre Götzen wegwerfen und sich von heute an vor Jesus beugen. Aber sie nannten Barnabas Jupiter und Paulus Merkur und glaubten, dass ihre Götter in leiblicher Gestalt zu ihnen gekommen waren. Sie brachten bekränzte Opfertiere herbei, um sie den Aposteln zu opfern. Es geschah genau das Gegenteil von dem, was Paulus erhofft hatte.

Aber der Herr gab seinen betrübten und erschrockenen Dienern die überzeugende Macht des Wortes, sodass sie die Menge beruhigen und von ihrem Vorsatz abbringen konnten. Fast hatte das Evangelium in Lystra Wurzeln schlagen können, aber der Feind führte aus Antiochien und Ikonion Juden herbei, die das Volk aufwiegelten, und dieselbe Menge, die ihnen noch vor kurzem göttliche Ehre erweisen wollte, griff jetzt nach Steinen und brachte Paulus fast ums Leben.

Betrachten wir diesen furchtbaren Vorgang etwas näher.

Hier liegt ein Mann am Boden, mit Steinen beworfen. Man kann sich gar nichts Schmählicheres vorstellen; Steine werfen die Menschen nach Hunden, mit Steinwürfen verdeckt man irgendetwas Ekel erregendes, was man nicht auf der Oberfläche der Erde sehen will.

Als die tobende Menge sah, dass sich der Gesteinigte nicht mehr regte, hielt sie in ihrem mörderischen Tun ein. Unter Lärm und Lachen löste sich die Menge langsam auf. Vielleicht fühlten manche von ihnen eine gewisse Unruhe; es war ihnen seltsam, dass sie so schnell einen Menschen getötet hatten. Möglich, dass der eine oder der andere sich unwillkürlich fragte: „War es mein Stein, der ihn so schnell getötet hat?"

Sie gingen fort, und ließen den geschändeten Körper außerhalb der Stadt unter den Felsblöcken liegen. Bis hierher war Paulus gekommen, von Gott zu den Heiden gesandt. Er hatte große Pläne gehabt. Er hatte die Heilsbotschaft dahin tragen wollen, wo der Name Christi noch nicht bekannt war – und jetzt? War das das Ende seines Auftrags? War das das Ende seiner Missionsreise?

Da hörte man leichte, rasche Schritte; zwei, drei, vier und noch mehr Gestalten neigten sich über den kalten, wunden Leichnam dessen, der ihnen das Licht Jesu gebracht hatte. Mit schmerzlichem Weinen räumten sie die Steine beiseite. Die kleine Gemeinde der Jünger weinte, wie ein Kind über seinen toten Vater.

Starke Arme hoben die regungslose, mit dem Gesicht zur Erde liegende Gestalt auf. Zarte Hände wischten ihm den Staub vom Körper. Aber als sie das Gesicht gereinigt hatten, hörten sie plötzlich auf zu weinen. Noch nie hatten sie in einem Gesicht solch einen

Ausdruck von Glückseligkeit und Frieden gesehen. Unwillkürlich drängte sich ihnen die Frage auf die Lippen: „Was hast du gesehen, was hast du gefühlt, bevor der Tod über dich kam?"

Aber, was ist das? Mit einem Male öffnen sich die scheinbar für immer geschlossenen Augen. Er lebt, er steht auf, und – o Wunder! – er ist völlig unversehrt, er kann in die Stadt zurückkehren, aus der die Feinde ihn vertrieben haben. Bestürzt und überwältigt von diesem Erlebnis kehren sie schweigend zurück; und da er am anderen Tag wieder aufbrach, hatten sie keine Zeit und auch nicht den Mut, ihn zu fragen: „Was hast du in jenen furchtbaren Augenblicken gefühlt?" Und er schweigt, er schweigt lange Jahre.

Vierzehn Jahre lang kam über die Lippen des großen Apostels kein Wort über jenen herrlichen Augenblick vor den Toren Lystras.

Dann, als wollte er ein wenig den Schleier lüften, schreibt er in 2. Kor. 12: „Ich kenne einen Christen, der vor vierzehn Jahren in den dritten Himmel versetzt wurde. Ich weiß nicht, ob er körperlich dort war oder nur im Geist, das weiß nur Gott. Ich bin jedenfalls sicher, dass dieser Mann ins Paradies versetzt wurde, auch wenn ich nicht weiß, ob er körperlich dort gewesen ist oder nur im Geist. Das weiß nur Gott. Dort hörte er geheimnisvolle Worte, die kein Mensch aussprechen kann." Das war die Innenseite jener schmachvollen Stunde. Der Leib war von Steinen bedeckt, vor die Tore der Stadt geworfen, und der

Geist ins Paradies versetzt, wo er schauen durfte, was kein Auge je gesehen hat, und Dinge hörte, die nie zuvor jemand gehört hat. Sicher waren die unaussprechlichen Worte, Worte der Ermutigung, die Jesus Christus, der König zu ihm sprach, während er für einige Augenblicke vor ihm stehen durfte. Große Kämpfe und beständige, ununterbrochene Trübsale erwarteten den Apostel Paulus von dieser Stunde an. Der Herr hatte ihn wunderbar dafür gestärkt.

Vieles können wir aus dieser herrlichen Begebenheit lernen, vor allem, dass es sich geziemt, über große und innige Augenblicke mit Christus ehrfurchtsvoll zu schweigen. In unserer Zeit ist das selten, und darum gleichen die Kinder Gottes häufig einem Goldschmied, der all seine Kostbarkeiten ins Schaufenster legt, sodass ihm innen nichts geblieben ist, was Wert hat.

Mit Recht bemerkte ein Christ aus Deutschland: „Wenn heute irgendein Bruder oder eine Schwester eine ähnliche Erfahrung macht wie der Apostel Paulus, dann würde er nicht etwa 14 Jahre darüber schweigen, sondern morgen schon würde ein halbes Dutzend christlicher Zeitschriften das Erlebte abdrucken." Es gibt nur einen Schatz, den ich weitergeben kann, und der mir dennoch bleibt: das ist das Evangelium mit der darin dargebotenen Person Jesu Christi. Davon kann ich Tag für Tag zeugen; und je mehr ich davon zeuge, desto mehr erhalte ich selbst aus diesem unerschöpflichen Quell des lebendigen Wassers.

Aber sobald ich anfange, und sei es auch in der besten Absicht, meine eigenen, persönlichen Erfahrungen zu erzählen, verlieren sie den inneren Wert, den sie für mich hatten. Vielleicht können meine Erfahrungen mitunter meinem Nächsten dienlich sein, aber das sind nur Ausnahmefälle. Meine Erfahrung wird niemals die Seine werden, und wenn er sich nach ihr ausstreckt, ohne sie zu erreichen, könnte er enttäuscht werden. Der Herr hat für ihn etwas ganz anderes bereit, etwas, was seiner Art entspricht und er mir vielleicht niemals geben könnte. – Wenn du vor deiner Bekehrung gesündigt hast und Gott dich in seiner Liebe begnadigt hat, dann magst du es wohl erzählen, denn das ist eine Erfahrung, die jeder machen muss, der selig werden will. Von dem anderen schweige lieber.

Es gibt Augenblicke gegenseitigen Sichnäherns unter Menschen, über welche weder Bräutigam noch Braut zu einem Dritten sprechen; sie würden es für eine Entweihung halten, wenn ein anderer davon wüsste. Und so gibt es auch Augenblicke zwischen den Kindern Gottes und ihrem himmlischen Bräutigam, die im innersten Herzen aufbewahrt werden müssen. Lernen wir das aus jener Begebenheit vor den Toren Lystras.

9. Gesetz und Evangelium

Eine wunderbare Ausdauer zeigt sich uns in der Natur und in der Arbeit des Apostels Paulus. Am Tag nach der Steinigung sehen wir ihn schon in Derbe. Was tut er dort? Sitzt er irgendwo in der Stille, um sich auszuruhen, um für weitere Kämpfe Kraft zu schöpfen? Nein, er predigt weiter!

Er war nicht am Leben geblieben, um sich auf der Erde auszuruhen. Er verkündigte das Wort mit großer Macht, und obwohl er nichts über seine Erfahrung erzählte, noch seine Zuhörer mit den Berichten wunderbarer Begebenheiten unterhielt, sondern einzig und allein Christus, den Gekreuzigten, predigte, ließ ihn der Herr viele Seelen gewinnen.

Als das Werk getan war, kehrte er nach Lystra zurück, wo er vor einiger Zeit gesteinigt worden war, und danach nach Derbe und Antiochien, wo sie ihn vertrieben hatten.

Diesmal kamen Barnabas und Paulus aber nicht, um diesen Städten das Evangelium zu verkündigen, sondern sie kamen, um den Glauben der Jünger zu stärken und sie zu ermahnen, denn: „Wir müssen durch viele Trübsale in das Reich Gottes gehen." Aber sie taten noch mehr: Sie gründeten Gemeinden und setzten Älteste ein, welchen sie die Aufsicht über diese Gemeinden anvertrauten.

Es lag den Jüngern des Herrn viel daran, diese kleinen Gemeinden nicht ungeordnet und unbeaufsichtigt sich selbst zu überlassen. Wir lesen nirgends, dass sie herrschsüchtig diesem oder jenem das Amt des Ältesten oder Gemeindevorstehers aufgezwungen hätten; aber sie schlugen Männer vor, die sie vom Herrn erbeten hatten, und die Gemeinden wählten selbst.

In unserer Zeit gibt es Leute, die eine solche Freiheit in der Kirche verkündigen, dass jeder tun dürfe, was er wolle, ohne irgendwelche Aufsicht. Von solch einer Freiheit wusste die erste christliche Gemeinde nichts. Alle Apostel, auch Paulus, waren Juden, deren Ursprung in einer strengen Religion der Formen war. Was sie verkündigten, war Freiheit von der Sünde und von den Zeremonien, die in Christus ihre Erfüllung gefunden hatten; aber niemals haben sie die Menschen Ungebundenheit und Unordnung gelehrt. Sie ließen überall neugeborene Kinder Gottes zurück; aber weil diese im wahrsten Sinne des Wortes eben noch Kinder waren, die geistliche Lehrer brauchten, waren sie diesen Lehrern Achtung und Gehorsam schuldig.

Wer sich einem guten und vom Geist Gottes geführten und gelehrten Menschen nicht unterordnen kann, der kann sich auch Gott nicht unterordnen.

Die Gemeinde Gottes gleicht wohl einem Gesangchor. Leute, die immer ein Solo singen wollen, passen schon hier nicht hinein, und noch weniger dort, wo dieser Chor erklingt, „wie die Stimme eines großen Wassers und wie die Stimme eines großen Donners".

Aber gehen wir mit Paulus und Barnabas zurück nach Antiochien in Syrien, wo ihre Reise begonnen hatte. Welch eine Freude überkam sie, als sie an den Ort zurückkehrten, von dem sie unter Gebet zu ihrem Werk ausgesandt worden waren. Ich stelle mir vor, wie die älteren Geschwister im Kreis um sie her sitzen, während die Jugend zu ihren Füßen Platz genommen hat, und sie gebannt auf die Worte der Apostel hören. Vor ihren Augen sehen sie die Türen des Glaubens für die Heiden geöffnet. Große Dinge hat der Herr durch seine Zeugen getan! Barnabas beschreibt auch die wunderbare Errettung des Paulus vor den Toren Lystras. Da füllen sich aller Augen mit Tränen, die alten Frauen ergreifen die Hände des erretteten Paulus und die Männer küssen die noch nicht ganz verheilten Narben auf der Stirn. Jetzt erst haben sie erkannt, wie notwendig ihre Gebete waren, und voll Dankbarkeit knien sie nieder, um ihren himmlischen König dafür zu preisen, dass er ihnen Paulus aufs Neue geschenkt und er so große Dinge durch seine Zeugen getan hatte.

Für die beiden Männer war es eine Zeit geistlicher und leiblicher Erquickung, obwohl auch hier viel Arbeit auf sie wartete. Der Herr breitete sein Werk in Antiochien aus und nun war jemand da, der den neuen Christen die Schrift erklären konnte.

Aber auch Satan war aktiv. Ich habe nie gelesen, dass er jemals geschlafen hätte. Er machte sich auf und zog nach Judäa, wo er in den Herzen einiger strenger Judenchristen Befürchtungen erweckte, ob die Gemeinde in Antiochien nicht in Gefahr wäre, auf Abwege zu geraten. Voller Sorge kamen einige von ihnen nach Antiochien. Sie nahmen an der ersten Versammlung teil und sahen, wie die Früchte des Geistes wuchsen: Liebe, Freude, Friede, Geduld, Freundlichkeit, Güte, Treue, Sanftmut, Keuschheit. Die Liebe Gottes war sichtbar in ihrer Gemeinschaft. Aber trotzdem fühlten sie sich nicht eins mit ihnen, denn die von den Heiden stammenden Christen hatten das Werk des Gesetzes nicht an ihrem Leib vollzogen. Die Beschneidung war von Gott angeordnet worden, auch Jesus Christus war ihr unterworfen gewesen; war es da nicht die Pflicht eines jeden Gottesverehrers, der zum Glauben an Christus gekommen war, ihm auch in diesem Stück ähnlich zu werden und zu tun, was Mose befohlen hatte?

„Nun", sagten sie, als ihnen das Wort erteilt wurde, „das, was ihr glaubt und tut, ist alles gut und schön, aber eins fehlt euch, und wenn ihr das nicht tut, wenn ihr euch nicht beschneiden lasst, könnt ihr nicht selig werden."

Was? Sie könnten nicht selig werden? Sie hatten geglaubt, sie hatten den Sohn Gottes und sein für sie auf Golgatha vollbrachtes Opfer angenommen; er hatte ihnen Macht gegeben, Gottes Kinder zu werden – und sie sollten nicht selig werden? Das würde heißen, das Werk Christi genügte nicht, sie selbst mussten ein Werk vollbringen; ihr eigener Gehorsam sollte sie erretten, also nicht das Blut Jesu Christi, sondern ihr eigenes, das sie vergießen sollten!

Vergeblich versuchten Paulus und Barnabas zu vermitteln und zu erklären; in der Gemeinde entstand Streit und Aufruhr. Wer in aller Welt hätte die harten Gesetzesmenschen überzeugen können? Es blieb ihnen nichts anderes übrig, als mit der Sache nach Jerusalem zu den Aposteln zu gehen.

Wo Paulus und Barnabas auch durchkamen, in Phönizien und Samarien, machten sie durch ihre Erzählung von der Bekehrung der Heiden den Brüdern große Freude.

So kamen sie bis nach Jerusalem. Hier wurden sie von der Gemeinde, von den Aposteln und Ältesten empfangen und durften diesen ausführlich mitteilen, was Gott durch sie getan hatte. Sie erzählten von den Streitgesprächen mit den Judenchristen in Antiochien.

Aber da standen einige von der Sekte der Pharisäer, die gläubig geworden waren, auf und bekräftigten, dass die Gläubigen zu Antiochien beschnitten werden müssten, ob sie nun aus den Heiden stammten oder nicht; keinem Mann dürfe diese Erfüllung des Gesetzes erlassen werden. Und dann müsse man ihnen gebieten, das Gesetz Moses zu halten. Hatte es Christus nicht auch gehalten? Nun war es nötig, eine ganze Synode mit den Aposteln an der Spitze einzuberufen, um über diese Frage gründlich zu diskutieren.

So geschah es. Und der Erfolg?

Der Apostel Petrus, die Säule der judenchristlichen

Kirche, stand auf und wies mit energischem Wort die Forderungen der Gesetzeslehrer ab.

„Warum fordert ihr Gott heraus und legt ihnen eine Last auf, die weder unsere Vorfahren noch wir selbst tragen konnten? Wir selbst sind doch genau wie sie darauf angewiesen, dass wir durch das Vertrauen auf die Gnade des Herrn Jesus gerettet werden."

Vor diesen Worten, die keinen Widerspruch duldeten, verstummte alles, und Paulus und Barnabas durften weitererzählen, was für große Dinge Gott durch sie unter den Heiden getan hatte.

Doch danach ging die Debatte weiter, Gründe und Gegengründe wurden laut, ein Wort ergab das andere. Um die Sache zu einem wünschenswerten Abschluss zu bringen, ergriff der von allen als Ratgeber hoch geschätzte Apostel Jakobus das Wort und sprach mit der Ruhe eines Menschen, der nur wohl durchdachte Dinge vorzubringen pflegt:

„... Darum bin ich der Ansicht, wir sollten die Menschen aus anderen Völkern, die sich Gott zuwenden, nicht mit dem ganzen jüdischen Gesetz belasten. Wir wollen ihnen nur vorschreiben, dass sie kein Fleisch von Tieren essen, die als Opfer für die Götzen geschlachtet worden sind, denn es ist unrein, weiter sollen sie sich vor Blutschande hüten, kein Fleisch von erwürgten Tieren und kein Tierblut genießen. Diese Vorschriften Moses sind seit alten Zeiten in jeder Stadt bekannt, denn sie werden jeden Sabbat überall in den Synagogen vorgelesen."

Nach diesem mit allgemeiner Zustimmung aufgenommenen Vorschlag schritten die Apostel gleich ans Werk. Sie schrieben einen Brief, wählten einige Männer aus ihrer Mitte und sandten sie mit Paulus und Barnabas nach Antiochien. Der Brief lautete wie folgt:

„Die Apostel und Gemeindevorsteher grüßen als Brüder alle ihre Brüder nicht jüdischer Abstammung in Antiochien, Syrien und Zilizien.

Wir haben erfahren, dass einige aus Jerusalem euch mit ihren Reden verwirrt und beunruhigt haben. Sie hatten aber keinen Auftrag von uns. Deshalb haben wir einstimmig beschlossen, Abgesandte zu euch zu schicken. Sie sollen unsere Brüder Barnabas und Paulus begleiten, die ihr Leben für Jesus Christus, unseren Herrn, aufs Spiel gesetzt haben. Wir haben Judas und Silas ausgewählt, damit sie euch persönlich unseren Beschluss bestätigen können.

Es schien nämlich dem Heiligen Geist und uns richtig, euch keine weitere Last aufzuladen außer den folgenden Regeln, die ihr unbedingt beachten müsst: Esst kein Fleisch von Tieren, die als Opfer für die Götzen geschlachtet worden sind, genießt kein Blut, esst kein Fleisch von erwürgten Tieren und hütet euch vor Blutschande. Wenn ihr diese Regeln beachtet, tut ihr recht. Lebt wohl!"

Man hatte den Heiden das Gesetz gebracht; man wollte sie zwingen, das Zeichen des Alten Bundes, der auf Golgatha seine Gültigkeit verloren hatte, auf sich zu nehmen. Das Gesetz ist der Zaun, Christus ist der

Baum des Lebens. So wie von einem Zaun noch kein Mensch satt geworden ist, so wird die Seele niemals durch das Erfüllen des Gesetzes gesättigt werden. Der Herr Jesus ist das Brot des Lebens. Wenn dein ganzes Herz mit dem Heiligen Geist erfüllt sein wird, dann wird er dich lehren, den Willen Gottes zu tun, aber er wird dich niemals zum Judentum führen, weil wir keine Juden sind und niemals sein werden. Wir, die Gläubigen aus den Nationen, sind teuer erkauft, darum wollen wir uns nicht wieder unter das Joch zwingen lassen.

Nachdem der Brief verlesen worden war, herrschte in der Gemeinde in Antiochien große Freude. Die Apostel nannten sie Brüder. Auch freuten sie sich über den Besuch von Judas und Silas, die sie, genauso wie Barnabas und Paulus, im Glauben stärkten.

Judas kehrte zu den Aposteln zurück, Silas blieb da, um nun auch seine Kräfte dem Herrn im Dienst unter den Heiden zur Verfügung zu stellen.

Diesmal war Satans Werk nicht gelungen. In Antiochien war alles geordnet, die Gemeinde gut versorgt. Paulus und Barnabas konnten wieder an einen Aufbruch denken.

„Lass uns wiederum ziehen", sprach Paulus zu Barnabas. „Wir wollen noch einmal alle Orte besuchen, in denen wir die Botschaft Gottes verkündet haben, und sehen, wie es den Brüdern geht."

„Gut, Paulus", stimmte Barnabas bei, „und nehmen wir Markus mit!"

„Johannes Markus? Aber wozu, Bruder? Hast du vergessen, wie er uns aus Furcht verlassen und im Stich gelassen hat?"

„Ich weiß es, aber er ist dennoch solch ein lieber Bruder", entgegnete Barnabas liebevoll. „Und er hat so viele gute Eigenschaften. Energie fehlt ihm, das ist wahr; aber die liegt eben weniger in seiner Natur; wir müssen mit ihm Geduld haben. Du wirst sehen, wir werden einen tüchtigen Arbeiter aus ihm machen. Und gerade von dir kann er so viel lernen!"

„Glaube das nicht, Bruder, er wird nichts lernen! Ich gebe zu, dass der Herr auch mit ihm seine guten Absichten hat, dass er auch ihn in seinem Weinberg gebrauchen kann. Er wird ihm wohl irgendwo in der Stille einen Platz geben, wo er auch segensreich für ihn wirken kann. Zu uns passt er nicht, glaube mir."

„Verzeih, Paulus, aber du unterschätzest ihn. Wir alle zusammen bilden den Tempel des Herrn."

„Ärgere dich nicht, Barnabas, wir beide wissen, dass die goldenen Beschläge an den Wänden samt ihren Verzierungen ebenso zum Tempel gehören wie der Fußboden, über den alle Füße hinwegschreiten. Wir alle zusammen bilden ein Ganzes. Wir beide, besonders ich, sind solch ein Fußboden und werden niemals etwas anderes sein. Bisher hat uns jeder mit Füßen getreten, und ich erwarte in der Zukunft nichts Besseres. Johannes Markus ist wie solch ein fein gearbeiteter, goldener Wandschmuck, unter die Füße passt er nicht; lass ihn dort, wo unser Gott ihn hingestellt hat. Glaube mir, wenn wir ihn mitnehmen, wird er uns keine Hilfe, sondern vielmehr ein Hindernis sein. Wir werden immer wieder auf ihn Rücksicht nehmen müssen. Vielleicht werde ich sogar manche Gelegenheit versäumen und dem Leiden ausweichen in dem Gedanken, dass er es nicht ertragen könnte."

„Aber, Paulus, denkst du, dass der Herr nur dir Kraft zum Leiden und zur Entschiedenheit gegeben hat? Kann er sie ihm nicht auch schenken?"

„Natürlich; aber, Bruder, wenn ich dir die ganze Wahrheit sagen soll: Ich selbst, der ich mich von Kind auf abgehärtet habe, fürchte mich von Natur aus sehr vor Leiden, Schmerzen, Aufregung und Ablehnung. Markus' entsetzter Blick würde mich sehr schwächen. Wenn ich siegreich kämpfen soll, darf er nicht mit mir gehen."

„Aber ich habe ihm schon versprochen, dass wir ihn mitnehmen."

„Das macht nichts; lass mich ihm die Sache erklären, er wird es einsehen."

„Du wirst ihn schmerzlich verwunden, und das erlaube ich nicht. Er bereut so tief, dass er uns damals verlassen hat."

So und ähnlich ging wohl das Gespräch weiter; vielleicht erfuhren auch die Ältesten der Gemeinde davon. Vor allem wusste der Fürst der Finsternis davon, der sich wohl auf diese Weise an beiden Jüngern Christi für den glücklichen Ausgleich zwischen Juden- und Heidenchristen rächte. Das Ende davon war Entzweiung und Trennung von Barnabas und Paulus, die bisher so unzertrennlich für Gott gekämpft hatten.

Es muss ein großer Schmerz für beide gewesen sein. Barnabas nahm Markus und schiffte sich mit ihm gen Cypern ein. Er hielt ihm sein Wort und versuchte, ihn zu einem Arbeiter zu erziehen; ob es ihm gelungen ist? Wir wissen es nicht. Die Apostelgeschichte berichtet uns nichts mehr über Barnabas, aber dafür finden wir nach Jahren Markus doch noch an der Seite des Apostels Paulus, und zwar zur Zeit seiner Gefangenschaft in Rom. Es scheint, als sei Barnabas damals unter allgemeiner Missbilligung, ohne Abschied von Antiochien gegangen, denn von Paulus lesen wir, dass er Silas erwählte und mit den Segenswünschen der Brüder ausgezogen war. Sie wanderten durch Syrien und Zilizien und stärkten die Gemeinden.

Wohin er auch kam, überall musste er die für ihn so schmerzliche Frage hören: „Und wo ist Barnabas?" Wie sehr mochten sich Barnabas und Paulus gegenseitig fehlen! In Silas hatte ihm der Herr einen vorzüglichen Mitarbeiter, einen kühnen Helden geschenkt, der allen Gefahren unerschrocken entgegenging. Aber Silas war wesentlich jünger und sah zu Paulus voller Achtung auf, während Paulus und Barnabas wie Vater und Sohn gearbeitet hatten. Wie oft hatte der müde, häufig kranke Paulus die starke Liebe des „Sohnes des Trostes" erfahren! Auch Barnabas mochte sich an der Seite des schwachen, furchtsamen Markus nach dem teuren und mutigen Gefährten sehnen.

Es ist immer wieder dieselbe Taktik Satans, die Herzen eng verbundener Kinder Gottes voneinander zu reißen und sie dadurch zu quälen. Er gönnt es uns nicht, dass wir einen Freund haben, in dessen Liebe und herzlichem Verständnis wir in schweren Tagen eine Stütze finden können. Darum merke auf bei dem ersten Misstrauen, das der Feind dir gegen einen Bruder oder eine Schwester ins Herz säen will, und treibe ihn weit weg von dir!

10. Ein neuer Auftrag

Das 16. Kapitel der Apostelgeschichte erzählt uns von zwei besonderen Gaben, die der Herr seinem treuen Diener schenkte. Welch ein Segen war es für Paulus, Timotheus, den späteren Bischof von Ephesus, für seine Arbeit zu gewinnen. In Timotheus fand Paulus einen Gefährten, der ihm den Verlust von Barnabas erträglicher machte.

Zu Barnabas hatte Paulus ein Verhältnis wie ein jüngerer Bruder zu einem älteren gehabt, mit Timotheus hingegen verband ihn väterliche Liebe. „Meinem lieben Sohn im Glauben", so beginnt der Brief, den er ihm nach Jahren aus Rom schreibt. Timotheus, der Sohn eines Griechen, zeigte Begeisterung für alles Schöne und Gute, war wissbegierig und hatte eine gute Ausbildung genossen, außerdem war er in der jüdischen Religion seiner Mutter erzogen worden. Er war genau der richtige Partner für den hochgebildeten Saul von Tarsus. Wenn Paulus auch schreibt: „Ich hielt mich nicht dafür, dass ich etwas wüsste unter euch, ohne allein Jesus Christus, den Gekreuzigten", so tat es ihm doch sehr wohl, die ewigen Wahrheiten Gottes mit einem zu teilen, der ihn ohne viele Worte verstand.

Ich stelle mir vor, wie sie sich in den abendlichen Stunden oder nach einem anstrengenden Fußmarsch im Schatten der Bäume niederließen, Timotheus zu den Füßen seines geistlichen Vaters. Ich würde wirklich viel dafür geben, den Gesprächen lauschen zu dürfen.

Timotheus hatte sich durch die Beschneidung in den Alten Bund aufnehmen lassen, um nur immer, sei es unter Juden oder unter Griechen, bei dem bleiben zu dürfen, der ihn zu Christus geführt hatte.

Solch einen jungen Mann erziehen zu dürfen, war für Paulus eine wahre Wonne, und solch einen Lehrer zu haben, war für Timotheus ein unvergleichlicher Schatz.

Die beiden Männer und auch Silas bedurften sehr des gegenseitigen Trostes und der Ermutigung. Zum ersten Mal unternahm Paulus eine Reise, von der er nicht wusste, ob sie gut gehen würde. Nachdem sie mehrere Städte durchzogen und den dortigen Gemeinden den Beschluss der Apostel und der Ältesten zu Jerusalem mitgeteilt hatten, kamen sie nach Phrygien und in die Landschaft Galatien. Doch der Geist Gottes verwehrte es ihnen, Christus, den Gekreuzigten, dort zu verkündigen. Sie kamen nach Mysien und versuchten durch Bithynien zu reisen; aber der Geist stellte sich ihnen in den Weg. So zogen sie an Mysien vorbei und kamen noch Troas.

Sie befanden sich in einer eigenartigen Lage. Was nun? Zu reisen und nirgends die Botschaft weitersagen zu dürfen, dazu hatten sie weder Zeit noch Kräfte; heimkehren, ohne irgendetwas ausgerichtet zu haben, ging auch nicht. Also, was jetzt? Sie wussten nicht weiter! Zudem stellte sich in Troas Paulus' altes Leiden wieder ein, was ihre Situation bedeutend verschärfte.

Nun könnte man fragen: „Woraus ist zu schließen, dass Paulus hier erkrankte?" Die Antwort ist, dass sie in Troas zum ersten Mal mit Lukas zusammentreffen. Dort steht zum ersten Mal ein ‚wir': „Daraufhin suchten wir ..." Hier schreibt also ein Augenzeuge und Begleiter des Apostels. Es könnte sich wie folgt zugetragen haben: Lukas hatte als Arzt Paulus in Troas in leiblicher Beziehung gedient, und dafür hatte Paulus ihm geistlich gedient. Der Herr wusste, dass sein Diener Paulus sehr gebrechlich war und dass viel Krankheit auf ihn wartete, darum bekehrte er Lukas und stellte ihn Paulus zur Seite. Silas war wohl noch ein junger, gesunder Mann und konnte dem kränklichen Paulus keine Hilfe sein. Lukas hingegen verstand ihn; er suchte nicht nur nach Linderung für Paulus' unheilbares Leiden – er schützte ihn sicher auch vor Erkältung und Überanstrengung. Paulus schonte sich niemals, denn in seinem Herzen brannte das Feuer der Liebe zu Gott und des Ehrgeizes, den Namen Christi dahin zu tragen, wo er noch nicht bekannt war. Und wenn er dabei nicht vorzeitig zusammenbrechen wollte, dann brauchte er jemanden, der über ihn wachte. Der Herr gab seinem Diener zwei Wächter zur Seite, damit er länger am Leben bleiben konnte: die kindliche Liebe des Timotheus, die sich in hundert kleinen, das Leben verschönernden Aufmerksamkeiten offenbarte, und die Liebe des verständnisvollen, gebildeten Arztes. Aber ich denke mir, wenn Lukas auf den unheilbar kranken Paulus blickte, wenn er ihn Schläge, Gefängnis, Kälte und Hunger ertragen sah, wenn er seine Trauer über nicht in der Wahrheit wandelnde Gemeinden sah, und wie er trotz allem weiterlebte – dass er dann oft vor Gott auf die Knie fiel und besser als irgendein anderer den Ausspruch begreifen lernte: „Meine Kraft vollendet sich in der Schwachheit!" Aber kehren wir zurück zu der misslichen Lage der Reisenden.

Erschöpft von den vielen Gedanken, von Selbstprüfung und Gebet, wollte Paulus eines Nachts einschlafen. Er war allein, denn seine schwersten Kämpfe kämpfte er immer allein aus. Plötzlich steht ein Mann in mazedonischer Tracht vor ihm und bittet: „Komm herüber nach Mazedonien und hilf uns!" Völlige Gewissheit, Freude und Licht zogen dabei in das von Ungewissheit geplagte Herz ein. Wahrscheinlich weckte er sofort seine Gefährten und teilte ihnen mit: „Brüder, nun ist es mir klar, warum wir nicht in Asien verweilen durften, wir haben einen anderen Weg vor uns. In diesem uns noch unbekannten Erdteil hat der Herr einen Auftrag für uns! Siehe, ich will dich ferne unter die Heiden senden!"

„Daraufhin suchten wir sofort nach einem Schiff, das uns nach Mazedonien mitnehmen konnte", schreibt Lukas. Fröhlich trafen sie ihre Vorbereitungen zu der neuen Reise, voller Gewissheit, dass sie der

Herr dazu berufen hat, in Mazedonien das Evangelium zu verkündigen.

So verließen sie Troas und erreichten am anderen Tag Neapolis. Von da aus gingen sie nach Philippi, der Hauptstadt des Landes. Endlich war die Prüfung des ängstlichen Wartens vorüber, neue Aufgaben und Kämpfe lagen vor ihnen.

Timotheus und Lukas hofften, dass der Herr Paulus gleich von Anfang an große Dinge ausrichten lassen würde. Sie waren beide jung und machten gern großartige Pläne. Ob sie der ersten Missionsreise nach Europa auch so entgegengejubelt hätten, wenn sie gewusst hätten, was die Apostel dort erwartete? Wohl kaum, denn sie waren Menschen wie wir. Vielleicht hätten sie die beiden gebeten, die Reise nicht anzutreten. Wie gut, dass uns die Zukunft verborgen ist!

11. Paulus in Philippi

Ein mazedonischer Mann war Paulus erschienen und hatte gerufen: „Komm herüber nach Mazedonien und hilf uns!" – und Paulus war gekommen.

Eine weite, anstrengende Reise lag hinter ihnen. Philippi, die erste europäische Stadt, in der sie Halt machten, lag vor Paulus und seinen Begleitern, aber nirgends erblickten sie Menschen, die nach Freiheit des Geistes, nach Wahrheit und Licht suchten. Der Apostel und seine Gefährten begannen da und dort ein Gespräch; aber alles vergebens, nirgendwo fanden sie Sehnsucht, nirgendwo Hunger. In ihrem Herzen tauchte die bange Frage auf: „War die Erscheinung Wahrheit? Oder hat Satan uns betrogen?"

Es vergingen einige scheinbar nutzlos verbrachte Tage; doch dann an einem Sabbat bekehrt sich der erste Mensch zu Gott – zwar kein Mann, sondern eine Frau, eine Fremde in dieser Stadt, gleich wie sie.

Vielleicht genügte das Lukas nicht, Timotheus war damit auch nicht zufrieden, den eifrigen Silas verlangte nach mehr; aber Paulus sah, dass der Herr selbst dieser Frau das Herz auftat. Paulus war glücklich.

Somit war der erste Mensch, der in Europa gläubig wurde, eine Frau. Uns, den Frauen in Europa, wurde also zuerst das Evangelium gebracht: „Es hat darum nichts mehr zu sagen, ob einer Jude ist oder Nichtjude, ob Sklave oder frei, ob Mann oder Frau. Durch eure Verbindung mit Jesus Christus seid ihr alle zu einem Menschen geworden." Auch die Frauen sind dazu berufen, den Herrn Jesus zu lieben und seine Botschaft weiterzutragen. Lassen wir uns durch nichts und durch niemand das Recht nehmen, durch unser ganzes Leben die Ehre unseres Heilandes zu verbreiten! Zuerst glaubte Lydia, dann ihr ganzes Haus, ihre Familie und ihre Diener. Eine äußerlich sehr reiche Frau, die den Reichen Purpurstoffe für ihre kostbaren Gewänder verkaufte, aber dabei wohl oft über die eigene Armut im Herzen geweint hatte – sie bekam nun das weiße Kleid der Unschuld und der Gerechtigkeit Jesu Christi geschenkt. Ihr hatte der Herr das Herz geöffnet, und nun öffnete sie ihr Haus für die Boten Gottes.

„Sie nötigte uns", schreibt Lukas. Wie denn? Nun, so, wie nur die Liebe zu nötigen versteht. Ich wünschte, dass alle unsere Schwestern wie Lydia wären, voll von Liebe, die sich in herzlicher Gastfreundschaft zeigt.

Ich stelle mir vor, wie die im Herrn fröhliche Familie ihre Gäste liebevoll versorgte, während Lukas der Hausfrau winkte, um mit ihr allein zu reden: „Liebe Schwester, mach' dir nicht so viel Mühe mit uns! Nur für unseren Bruder Paulus möchte ich dich bitten; er ist so häufig krank, und er schont sich niemals." Mehr musste er Lydia nicht sagen. Wenn Paulus bisher seine Mutter entbehrt hatte, wenn er weder Gattin noch Schwester hatte, wenn keine liebende Hand da war, die ihm diente – in Philippi wurde ihm das alles reichlich ersetzt.

Eine Freundschaft der besonderen Art entwickelt sich zwischen den Dienern Gottes und den Christen in Philippi. „Ich danke meinem Gott, sooft ich euer gedenke", schreibt Paulus nach Jahren an die Philipper. Nur sehr teuren und guten Freunden pflegen wir so zu schreiben.

Als das ganze Haus der Lydia Christus, den Gekreuzigten, aufgenommen hatte und der Herr somit seinen Einzug in der heidnischen Stadt feierte, erschrak Satan. Bisher war er der unumschränkte Herr in Philippi gewesen und das wollte er auch bleiben. Aber er kannte den glühenden Eifer des Paulus, und er wusste, dass dieser Mann nicht ruhen würde, bis er durch seine Predigt von dem Gekreuzigten wenigstens die halbe Stadt aus dem Todesschlaf erweckt hätte. Dem wollte er auf unerwartete Art entgegentreten.

Sooft die Apostel zum Fluss gingen, um dort mit den Leuten zu reden, folgte ihnen ein Mädchen, die Sklavin reicher Leute. Sie war vom Satan besessen und schrie jedes Mal so laut, dass alle Versammelten es hören mussten: „Diese Menschen sind Knechte Gottes des Allerhöchsten, die euch den Weg der Seligkeit verkündigen!"

Ihre Worte entsprachen der Wahrheit, aber sie war eine allgemein bekannte Wahrsagerin, von der sich die Bewohner von Philippi für teures Geld die Zukunft vorhersagen ließen! Wenn sie jetzt aus ihrem Mund das Lob jener Männer vernahmen, von denen sie fühlten, dass eine übernatürliche Kraft in ihnen wohnte, so wie auch in dieser Wahrsagerin, konnten sie da nicht leicht glauben, dass ein und derselbe Geist in ihr und in den Dienern Gottes wohnte?

Satan wusste, dass er in Philippi nicht länger unumschränkter Herr bleiben konnte; deshalb wollte er die Zuhörer des Paulus überzeugen: „Der Geist Christi und ich gehen Hand in Hand; ja, wir sind eins."

Aus diesem Grund war die Situation für Paulus so schwierig, obwohl diese Wahrsagerin ihm die Zuhörer zusammenrief und sie überzeugen half. Schließlich war sie auch noch die allerpopulärste Person in Philippi. Die Reichen überschütteten sie mit Gold, die Armen drückten ihr ihre letzten Kupfermünzen in die Hand, um nur etwas über ihre von Gott verhüllte Zukunft zu erfahren.

Als ihm das alles zu viel wurde, wandte sich Paulus eines Tages auf dem Weg zum Fluss um und gebot dem unreinen Geist in der Vollmacht Jesu Christi: „Ich gebiete dir in dem Namen Jesu Christi, dass du von ihr ausfährst!" Und in diesem Augenblick zeigte es sich, welcher Geist der mächtigere war: Satan musste weichen! Da er aber aus seiner bisherigen Behausung vertrieben wurde und nicht dahin zurückkehren durfte, und Jesu, dem Gekreuzigten und Auferstandenen, nichts mehr anhaben konnte, entbrannte sein Zorn gegen die Jünger. Er entfachte einen Aufruhr. Die ganze Stadt erhob sich, weil Paulus ungewohnte Sitten einführte, die gegen die Ordnung in Philippi waren. Den Aposteln wurde die größte öffentliche Schmach zuteil. Sie waren durch eine Erscheinung nach Mazedonien gerufen worden, doch noch bevor sie etwas ausgerichtet hatten, befanden sie sich schon hinter Schloss und Riegel im innersten Gefängnis.

Es gibt Augenblicke, wo der Verstand des Menschen bei der Frage steht, auf die es keine Antwort gibt: „Herr, warum hast du das zugelassen?" Solch eine ähnliche Frage quälte sicher die beiden treuen Begleiter des Paulus. Ich stelle mir vor, wie sie irgendwo im Haus der Lydia beisammen sind, Lukas auf einem Stuhl sitzend, den Kopf in beide Hände gestützt, während Timotheus, die Hände auf dem Rücken gekreuzt, vor ihm auf und ab geht.

„Timotheus, er überlebt es nicht!", kommt es endlich voll dumpfer Hoffnungslosigkeit von den Lippen des Arztes. „Dieser Blutverlust bei der Geißelung, diese Aufregung beim Erdulden dieser furchtbaren Schmach und schließlich das Gefängnis! – Wer weiß, in was für einem Loch sie jetzt schmachten! Silas ist gesund und kräftig; der Herr wird ihm helfen. Aber Paulus?"

„Ach, Lukas, was ist mit unseren herrlichen Plänen?! Wozu sind wir nur hierher gekommen? War die Erscheinung richtig? Oder hat Satan Paulus betrogen, um das Werk Gottes zum Stillstand zu bringen? Hat er uns durch diesen Schritt auf einen Abweg geführt? Es scheint mir fast so!"

„O Brüder, was ist mit mir und meinem Haus und all den anderen, die die Wahrheit ohne euch nie erkannt hätten?"

Sie wandten sich um. „Lydia, du hier?!"

„Ich komme zu euch. Wir haben alle genug geweint; nun möchte ich euch zum Gebet zusammenrufen. Silas hat uns einmal erzählt, wie der große Apostel Petrus im Gefängnis war, während die Gemeinde ohne Unterlass für ihn betete, und wie dann ein Engel des Herrn kam. Wir sind so wenige; aber der Vater wird auch uns erhören!"

„Sei gesegnet, Schwester", sprach Lukas, „dass du uns zur rechten Zeit daran erinnerst!" Er richtete sich auf. „Wir verstehen Gottes Handeln in diesem Falle nicht, aber wir wollen glauben und beten. Rufe deine Familie; wir wollen nicht von unseren Knien aufstehen, wir wollen weder Speise noch Trank zu uns nehmen, bevor der Herr uns nicht die Gewissheit schenkt, dass er uns erhört."

Und was ging inzwischen dort im innersten Gefängnis vor? Gar oft gedenkt man des Lobgesanges der gegeißelten, verwundeten und in Ketten gelegten Apostel. Man schreibt und predigt darüber; aber es wird selten beachtet, dass es dort heißt: „Um Mitternacht." Um Mitternacht erst begannen die Jünger Christi zu singen! – Und bis dahin?

Wenn wir von Elia lesen, dass er ein Mensch war gleichwie wir, denselben Nöten unterworfen, dann gilt das auch für die beiden Apostel. Versucht euch, in ihre

Lage hineinzuversetzen, und stellt euch vor, wie es euch zumute wäre!

Die Kleider zerrissen, der Leib ganz blutig und von Wunden bedeckt, das Herz tief verletzt von der eben erlittenen Schmach. Paulus, ein freier Mann, ein römischer Bürger, ein hochgebildeter Rabbi, ein Sohn des Stammes, der einst sogar Israel einen König geschenkt hatte; Silas, vielleicht ein Grieche, ebenfalls ein intelligenter, gebildeter Mann, und nun war man ohne jedes Recht oder Verhör mit ihnen verfahren, als wären sie Sklaven.

Gut, dass sie einander nicht sehen konnten! „Herr, es ist ja für dich!", sprachen sie immer wieder vor sich hin.

„Vielleicht habe ich zu vorschnell gehandelt", mochte Paulus gedacht haben. „Ich hätte diesen Geist in Ruhe lassen sollen. – Nein, das konnte ich nicht; er wollte sich mit dir verbinden, und das durfte ich nicht zulassen. Damit hätte er die Menschen auf Abwege geführt! Wenn nur Silas nicht so leiden müsste! Ich für meine Person will es gern ertragen, aber er, dem das so ungewohnt ist! Wer bürgt mir dafür, dass jene Erscheinung Wahrheit war? Was, wenn ich mich hatte täuschen lassen – wenn ich die Geister nicht richtig geprüft habe? Johannes ermahnt so sehr, dass wir sie prüfen sollen. Vielleicht habe ich es nicht getan, weil mir das Warten zu lange dauerte – und nun muss Silas leiden! Ihn schmerzen die Wunden und die Füße im Stock ebenso wie mich. Ich sollte ihm ein Wort der Aufmunterung zurufen. Ach, ich kann es nicht! Herr, vergib, tröste mich! Es ist finster, nicht nur um mich her, sondern auch in mir. Ich habe geglaubt, dass du mich herschickst; ach, und nun ist wohl alles zu Ende!" Voller Traurigkeit senkte Paulus den Kopf.

Die Zeit vergeht, aber wie langsam!

„Paulus! Bruder, wo bist du?", lässt sich endlich eine menschliche Stimme vernehmen.

„Hier, Silas! Was machst du?"

„Ich versuche, zu dir zu gelangen."

„So? Nun, gib mir die Hand."

„Warum sprichst du nichts? Bist du sehr verwundet? Hast du große Schmerzen?"

„Silas, mein Herz tut mir weh, weil ich dich da hineingezogen habe. Es wird so dunkel um mich her, und in mir ist keine Gewissheit."

„Quäle dich nicht; wir leiden beide für unseren König! Und du hast keine Gewissheit, ob wir herkommen sollten? Auch mir schien es zuerst so; aber da war es mir, als hörte ich ihn sagen: ‚Was ich tue, das weißt du jetzt nicht; du wirst's aber hernach erfahren!' Mir war diese Schmach nötig. Der Herr hat sie zugelassen, um zu prüfen, ob ich schon ganz mit ihm gekreuzigt bin, wie du zu sagen pflegst. – Paulus, Bruder, was ist mit dir, weinst du?"

„Ja, vor lauter Glückseligkeit! Sind wir doch jetzt beide mit ihm am Kreuz, und er ist jetzt so eng mit uns verbunden. Da ist keine Finsternis mehr. Du hast Recht, wir wissen nicht, was er jetzt tut; aber er weiß es. Das genügt, bis wir es erfahren. Silas, draußen ist es sicher Nacht. Wir stören niemanden, wir wollen etwas singen, aber zuvor lass uns beten!"

Sie beteten und sangen – sie sangen und beteten. Die Gefangenen, die über ihnen untergebracht waren, hörten es. Vielleicht fühlte so manch unglücklicher Gefangene wenigstens in dieser Stunde die Nähe des unbekannten Gottes. Es war, als senkte sich der ganze Himmel in diesen finsteren Kerker hinab.

Da – was war das für ein Stoß – und ein zweiter, ein dritter? Die Mauern und Balken stürzten ein, klirrend fallen die Ketten von den Händen und Füßen der Gefangenen. Durch die weit geöffneten Türen des Gefängnisses dringt Licht.

Die Türen sind geöffnet, die Gefangenen befreit, aber keiner entweicht. Sie alle stehen da, von der wunderbaren Macht Gottes gefesselt.

„Tu dir nichts an", ruft Paulus dem verzweifelnden Kerkermeister zu, „denn wir sind alle hier!"

Welch eine Wandlung! Vor einigen Stunden hatte der Kerkermeister die beiden gepeinigten Männer ins Gefängnis geworfen, nun kniet er zu ihren Füßen und nennt sie Herren. Aus dem sündigen Herzen, das durch die erfahrene Gegenwart Gottes in seinen Grundfesten erschüttert wurde, ringt sich der Angstschrei: „Was soll ich tun, dass ich gerettet werde?" Voller Hochachtung führt er sie in sein Haus. Er sorgt nicht darum, was aus den übrigen Gefangenen, geschweige denn was aus ihm selbst wird, wenn einige von ihnen entkommen sollten. Eine viel wichtigere Sorge hat ganz von ihm Besitz ergriffen: Er will gerettet werden, denn er hat erkannt, dass er ein verlorener Sünder ist, der so, wie er ist, niemals mit dem heiligen, lebendigen Gott zusammentreffen darf.

Noch bevor es Morgen wurde, hatte Gott seinen Dienern geantwortet. Der Kerkermeister und seine ganze Familie hatten sich zu Christus bekehrt. Auf die Tränensaat war sogleich die Freudenernte gefolgt.

Ich sehe den Kerkermeister, wie er voller Freude seinen werten Gästen verkündigt, dass sie das Gefängnis verlassen dürfen, dass er sie nicht mehr an jenen schlimmen Ort zurückführen müsse! Aber wer beschreibt seine Verwunderung! Der vorhin so demütig und klaglos duldende Paulus richtet sich stolz vor ihm auf, und von seinem ganzen Wesen geht eine Hoheit aus, vor der sich alles unwillkürlich neigen musste.

„Man hat uns ohne Urteil öffentlich ausgepeitscht, obwohl wir das römische Bürgerrecht haben, und hat uns ins Gefängnis geworfen. Und nun will man uns heimlich abschieben? Nein, die Verantwortlichen sollen persönlich kommen und uns freilassen!"

Das Herz des Kerkermeisters war von viel zu tiefer Hochachtung vor den Aposteln erfüllt, als dass er zu widersprechen gewagt hätte. Ohne Zögern richtete er Paulus' Antwort den Verantwortlichen aus. Die Ratsherren waren sicher selten so unangenehm überrascht worden. Einer blickte den anderen an. Wie, diese Männer, die sie gestern so verächtlich misshandelt hatten, waren Römer? Wie viel Ärger und Verlegenheit konnte ihnen daraus erwachsen, wenn diese Männer etwa eine Anklage erhoben! Wer es wagte, einem römischen Bürger unrecht zu tun, ihn wie einen Sklaven zu behandeln oder ihn zu schlagen, versündigte sich damit am ganzen römischen Staat.

Was blieb ihnen übrig? Die am Vortag noch so grausamen, gefühllosen Richter kamen, um Abbitte zu tun. Wir können uns denken, dass Paulus und Silas sie wegen ihres Fehlverhaltens ernsthaft zur Rede stellten, aber sie nahmen ihre Abbitte an, vergaben ihnen und ließen sich unter vielen Entschuldigungen von ihnen hinausführen. Die Ratsherren baten sie, die Stadt zu verlassen, und Paulus und Silas waren bereit, ihnen diesen Wunsch zu erfüllen.

„Wir erkennen eure Unschuld und unsere Schuld an, aber die öffentliche Meinung ist gegen euch. Um unserer eigenen Sicherheit willen können wir euch nicht schützen, falls es wieder zu einem Aufruhr kommt", sagten sie wohl, und die Apostel sahen es ein.

An diesem Beispiel sehen wir, dass jeder Diener Gottes für Christus leiden muss, aber dass auch für jeden alle Gesetze gelten, und dass er sich auf seine Rechte berufen darf, wenn der Arbeit im Reich Gottes damit gedient werden kann.

Hätte Paulus, dankbar für die Freiheit, ohne weiteres mit Silas das Gefängnis verlassen, dann wäre ihm ein Besuch in Philippi früher oder später unmöglich geworden, weil jeder hätte sagen können: „Seht, das ist der, den sie wie einen Sklaven gepeitscht und ins Gefängnis geworfen, und dann zur Stadt hinausgejagt haben, als das große Erdbeben war!"

Aber so blickten die Leute, sooft er nach Philippi kam, mit Achtung auf den Mann, den ihre Ratsherren um Vergebung gebeten hatten und den sie selbst aus dem Gefängnis entlassen hatten, ja, dem sie sogar noch dankbar sein mussten, dass er sie nicht bei der höheren Behörde angezeigt hatte.

Und noch ein Gutes lag darin. Wären die Apostel sofort ins Haus der Lydia zurückgekehrt, hätten sie nicht erfahren, ob sie trotz des Aufruhrs hätten weiterarbeiten dürfen oder für eine Zeit lang hätten fortgehen sollen. So nahmen sie den Wunsch der Obrigkeit für einen Wink des Herrn, verabschiedeten sich von den Geschwistern im Haus Lydias und verließen Philippi, wo später eine der lebendigsten Gemeinden Christi heranwachsen sollte.

Noch oft dachten sie später an jene schmerzvollen und doch so siegreichen Tage, an jene furchtbare und doch so selige Nacht, wo sie für Christus leiden, aber auch Satan besiegen durften.

12. Paulus in Athen

Nach jener harten und doch so gesegneten Prüfung in Philippi begannen sich die Türen Europas von allen Seiten für Christus zu öffnen.

Eine dreiwöchige Evangelisation in Thessalonich gab den Anstoß zu einer Erweckung. Wir lesen: „Von den Juden ließen sich nur wenige überzeugen, aber von den Griechen, die sich zur jüdischen Gemeinde hielten, schloss sich eine große Anzahl Paulus und Silas an, darunter auch viele einflussreiche Frauen." Innerhalb einer kurzen Zeit legte der Heilige Geist den Grund für eine Gemeinde, an die der Apostel später die schönen Worte schreibt: „Jedes Mal wenn wir beten, denken wir an euch und danken Gott, unserem Vater, für euch alle. Wir erinnern uns ständig daran, wie bewährt euer Glaube ist und wie tätig eure Liebe und wie unerschütterlich eure Hoffnung darauf, dass Jesus Christus, unser Herr, kommt. So seid ihr ein Vorbild für alle Christen in Mazedonien und Achaia geworden. Nicht nur ist die Botschaft unseres Herrn von euch aus dorthin gelangt, sondern es hat sich auch schon überall herumgesprochen, dass ihr euch Gott zugewendet habt."

Satan ist zwar nicht allwissend, dem Herrn sei Dank, aber er kann sehr gut kombinieren; er ist ein großer Denker, darum kann er auch sehr gut voraussehen.

Auch hier sah er voraus: „Dieser Paulus wird in ganz Europa und Asien ein Feuer gegen mich entzünden; nun heißt es löschen, solange es noch in den Anfängen ist; und damit ich mich nicht allein plagen muss, mögen mir die Juden dabei helfen." So brachten die der Wahrheit widerstrebenden Juden mit Hilfe des boshaften Pöbels die ganze Stadt in Aufruhr und erzwangen den raschen Aufbruch der Apostel. Fast hätten Jason und seine Brüder, die Paulus und Silas aufgenommen hatten, mit dem Leben bezahlen müssen.

Seitdem Kain seinen Bruder Abel erschlagen hat, gab es immer wieder halsstarrige, der Wahrheit widerstrebende Menschen, die die Verfolgung der Christen verursachten. Das ganze böhmische Volk hätte die Wahrheit angenommen, die Jan Hus verkündigte, aber die Priester eröffneten einen Kampf gegen die Wahrheit und ruhten nicht, bis sie Hus verbrannt hatten.

Auch in Spanien gab es unzählige Scheiterhaufen, auf denen die Bekenner der Lehre Jesu, darunter schwache Frauen und Kinder, verbrennen mussten.

In Frankreich flossen in der Bartholomäusnacht Ströme vom Blut der Gerechten.

Nun, es ist eine alte Geschichte: Indem die Juden, das auserwählte Gottesvolk, abfielen und ins Heidentum versanken, ihre Propheten töteten und ihren Messias verwarfen, wurde aus ihnen ein halsstarriges, der Wahrheit widerstrebendes Volk.

Aber kehren wir zu den Aposteln zurück! In Beröa ging es ihnen ebenso wie in Thessalonich, nur mit dem Unterschied, dass die Leute sich nicht so leicht auseinander sprengen ließen, und dass sich nur wenige durch die Verfolgung vom Glauben abbringen ließen. Sie nahmen das Wort, das Paulus und Silas ihnen brachten, mit Freuden auf und forschten täglich selbst in der Schrift.

Die Thessalonicher hatten wie Kinder in einfältigem Glauben das Evangelium angenommen; die Beröaner mit Überlegung wie Erwachsene. Als Satan auch dort anfing, die Volksmenge aufzureizen, ist es ihm kaum gelungen, einen von den Gläubigen zum Abfall zu bringen. Zwar schickten die Brüder in Beröa Paulus fort, damit ihm kein Leid geschähe; aber er konnte ruhig von ihnen gehen, wusste er doch, dass ihr Glaube auf Felsen gegründet war.

Was Satan bis zum heutigen Tag hasst, sind nicht so sehr die Evangelisationsversammlungen – in diesen ist er regelmäßig anwesend –, sondern die Stunden des selbstständigen oder gemeinsamen Forschens in der Schrift. Ich kenne Leute, die schon längst von Christus abgefallen wären, wenn sie nicht von ihrer geistlichen Kindheit an dazu angeleitet worden wären, „zu forschen, ob sich's so verhielte". Ein Mensch, der alle möglichen Gemeinden abläuft und sucht, was er noch alles tun oder lassen muss, beweist damit nur, dass er auf einem sehr flachen Grund steht. Indem er bei Menschen sucht, was einzig und allein bei Christus zu finden ist, wird er überall enttäuscht und kann niemals Wurzeln schlagen. Da wir in den letzten Tagen leben und der Herr nahe ist, ist das Beispiel der Gläubigen zu Beröa gerade heute besonders wichtig.

Paulus' Begleiter führten ihn bis nach Athen. Dort blieb er allein. All die glänzenden Gebäude und Kunstwerke der berühmten griechischen Hauptstadt blendeten seine Augen. Aber er kann sie nicht bewundern, denn er sieht nur die prächtigen Bildsäulen der Götter und die ihnen errichteten Altäre. Für alle wichtigen Bedürfnisse des Lebens gab es hier Götter und Göttinnen. Überdies war es die Stadt der Schulen und der höchsten Bildungsstätten. Lauter hochgelehrte Leute begegneten dem armen Zeltweber, die ihn wohl kaum eines Blickes würdigten. Wie sollte er hier bloß anfangen? Wie sollte man diesen Menschen das Evangelium von dem Gekreuzigten bringen?

Aber siehe da! Was war das? Ein Altar mit der Aufschrift – „dem unbekannten Gott". Eine unbedeutende Sache, wenige Worte, und doch, hier könnte man Anker werfen! Dieses Volk hungert und dürstet also dennoch nach etwas Besserem; es gibt Menschen, denen man den unbekannten Gott zeigen könnte! Der Apostel begann alsbald, seine Botschaft überall da zu verkündigen, wo sich ihm Gelegenheit dazu bot: in den Schulen und auf dem Marktplatz, drinnen und draußen, bis er sich endlich auf dem Areopag befand, auf jenem großen, öffentlichen Platz, wo die Rhetoriker ihre glänzenden Reden hielten, und wo verschiedene Fragen besprochen und erklärt wurden. Dort hielt er eine seiner schönsten Reden, bei der wir nicht nur seine Unerschrockenheit, sondern vor allem sein Feingefühl bewundern müssen.

Rings um ihn her saßen und standen Männer, in ihre weißen Mäntel und Tuniken gehüllt, und Frauen in wallenden Schleiern über ihren langen Haaren. Manche von ihnen hielten Papyrusrollen in der Hand. Es waren lauter Leute, die schon viel gelernt hatten und noch mehr lernen wollten. Zu diesem Zweck kamen sie hier zusammen, um etwas Neues zu sagen oder zu hören. Und das, was Paulus ihnen zu sagen hatte, war etwas Neues.

Ein anderer an Paulus' Stelle hätte vielleicht so angefangen: „Ihr Athener seid furchtbare Götzendiener; aber ihr seht schon selbst, dass eure Götzen euch nichts helfen, denn ich habe einen Altar gefunden mit der Inschrift: ‚Dem unbekannten Gott'. Es ist Zeit, dass ihr diesen unbekannten Gott kennen lernt. Er ist der lebendige Gott, er muss nicht von Menschenhand gepflegt werden."

Ein anderer hätte so gesprochen, und es wäre die Wahrheit gewesen, aber die Folgen? Die Leute hätten es nie zugelassen, dass man ihre Götter beleidigte.

Paulus fing die Sache von einem anderen Ende an: „Ihr Männer von Athen, ich habe wohl gemerkt, dass ihr die Götter hoch verehrt." Alle begannen aufzuhorchen. „Ich habe einen Altar entdeckt mit der Inschrift: ‚Dem unbekannten Gott'. Diesen Gott, den ihr verehrt, ohne ihn zu kennen, will ich euch jetzt bekannt machen." Er traf ihre Gesinnung aufs Beste, er berief sich auf einige ihrer hoch geschätzten Dichter. Es war eine unvergleichbar passende Rede, aber als er von der Auferstehung sprach, lachten einige seiner Zuhörer.

Der Mensch gibt zu, dass ein Gott existiert, der alles geschaffen hat, und dass der Mensch sein Ebenbild ist; aber zu glauben, dass er von den Toten auferstehen und vor diesen Gott treten wird, um Rechenschaft abzulegen und sein Urteil über die Ewigkeit zu hören, ist ihm unmöglich. „Lasset uns essen und trinken, denn morgen sind wir tot!" Aber wie elend wäre der Mensch, wenn es keine Auferstehung und kein ewiges Leben gäbe, in dem er all das, wozu er sich in diesem Leben vorbereitet hat, erleben dürfte!

Als Paulus im Areopag unter seinen Zuhörern kein Verständnis für diese Grundwahrheit des Christentums fand, ging er wieder fort. Aber doch wurden auch in Athen einige Menschen gläubig, darunter Dionysius, einer der Ältesten aus dem Areopag, und eine Frau namens Damaris.

Dass die Namen der beiden in der Bibel hervorgehoben sind, muss einen Grund haben. Vielleicht ist Dionysius deshalb genannt, um zu beweisen, dass nicht alle Klugen dieser Welt Christus verwerfen. Damaris zeichnete sich vielleicht später im Reich Gottes und in der Gemeinde zu Athen aus. Es ist möglich, dass in ihrem Haus die Versammlungen abgehalten wurden oder dass sie eine gute Zeugin und Jüngerin Christi wurde.

So war auch Paulus' Aufenthalt in Athen nicht vergeblich gewesen. Das Wort des Herrn war nicht leer zurückgekommen.

13. In Korinth

Jetzt gehen wir mit Paulus nach Korinth. Fünf Tage hatte die Seereise gedauert. Vor ihm lag nun die prächtige, weit ausgedehnte, durch ihre Festspiele, Zirkusse und Theater, besonders aber durch ihre anmutige Bauart weltberühmte Stadt. Welche Gefühle und Gedanken kreisten wohl im Kopf und im Herzen des großen Boten Gottes? Wenn der Herr ihn in dieser Stadt doch nur Menschen für Christus gewinnen ließe! Durch Schiffe könnten die Bewohner die Heilsbotschaft in alle Welt bringen. Zudem war Korinth eine Handelsstadt, in der unaufhörlich Käufer und Verkäufer aus allen Teilen der Welt zusammenströmten. Ja, der Ort war günstig; aber wie konnte man diesen Volksmassen nahe kommen?

Im Herzen des Apostels brannte noch die Wunde, die ihm der Spott und die Verachtung der Athener zugefügt hatte! Er bekannte nach Jahren, dass er unter Furcht und großem Zittern die Arbeit in Korinth begonnen hatte.

Wer in Korinth hätte gedacht, dass dieser ärmlich gekleidete und krank aussehende Mann eine Botschaft brachte, die die ganze heidnische Stadt erschüttern würde?

Paulus konnte es sich nicht leisten, in einem der mit korinthischen Säulen geschmückten Haus zu leben. Er wohnte in einem ärmlichen Zimmer mit einem kleinen, primitiven Webstuhl, irgendwo in einer engen Gasse der Vorstadt.

Wenn wir Paulus' Armut sehen, fragen wir uns unwillkürlich, wie es möglich war, dass dieser einsame Mann sich nach nicht einmal ganz zwei Jahren eines solchen ungeheuren Erfolges rühmen konnte.

War er solch ein großer Redner? Nein; er selbst sagte, dass seine Rede schwach und verächtlich war. Hatte er vielleicht eine schöne, anziehende Gestalt?

Auch nicht! Er war ein schwacher, oft kranker Mensch, dem das tagelange Weben weder Schönheit noch Frische geben konnte. Was erklärt nun das Geheimnis seiner Kraft und seines Erfolges?

Es lässt sich in zwei Sätzen ausdrücken: Der heilige Gott wohnte durch seinen Geist ununterbrochen in ihm, und die Liebe Christi war in sein Herz ausgegossen worden. Er liebte die Menschen, die ohne Christus lebten. Diese persönliche Liebe zog seine Zuhörer an, denn sie war etwas Unbekanntes, Ungewöhnliches in dieser Stadt voller Selbstsucht, Genusssucht und Geldgier. Diese beiden oben genannten Besitztümer allein können auch heute dem Reich Gottes den Weg bahnen und Evangelisationen Erfolg bringen.

Paulus begann an den Sabbaten in der Synagoge Christus zu verkündigen, um Juden und Griechen zu gewinnen; aber der Widerspruch der Juden, den er hervorrief, wurde so groß, dass es, als Silas und Timotheus nachkamen, zu einem unerwarteten und ungewollten Bruch kam. Paulus gelangte an einen

Punkt, wo er alle Brücken zwischen sich und den Juden abbrach, und beschloss, nicht länger Zeit und Kräfte an sie zu verschwenden. „Euer Blut komme über euer Haupt!", rief er aus und schüttelte den Staub aus seinen Kleidern. „Von jetzt an werde ich mich an die Nichtjuden wenden." Damit verließ er die Synagoge und ging in ein benachbartes Haus, wo Justus, ein gottesfürchtiger Mann, wohnte. Dieses Haus befand sich ganz in der Nähe der jüdischen Schule und wurde den Juden ein Dorn im Auge. Sie mussten mit ansehen, wie fast alle Proselyten – das sind zum Judentum übergetretene Heiden –, die bisher die Wahrheit in der Synagoge gesucht hatten, zu Paulus strömten. Das verletzte die Juden tief, aber schlimmer war noch, das Krispus, der Oberste der Schule, mit seinem ganzen Haus an Christus gläubig wurde.

Das war der Anfang der Erweckung, die sich von Justus' Haus über ganz Korinth verbreitete und uns mit den einfachen Worten mitgeteilt wird: „Und viele Korinther, die zuhörten, wurden gläubig und ließen sich taufen."

Und jetzt kommt etwas Überraschendes. Gerade in dieser schönen Zeit, wo alles so gut ging, wo es keinen Grund zu Klagen gab, kam der Herr Jesus des Nachts in einer Vision zu seinem treuen Diener und sprach zu ihm: „Hab keine Angst, sondern verkünde unbeirrt die Gute Nachricht! Ich stehe dir bei. Keiner kann dir etwas anhaben, denn ich habe eine große Gemeinde in dieser Stadt."

Dieser Vision musste ein Augenblick banger Angst vorausgegangen sein, sodass der Herr es für nötig hielt, persönlich zu kommen, um seinen Diener zu ermutigen und zu stärken. Ich glaube wirklich nicht, dass der Apostel Paulus bei all seiner Liebe zu dem Herrn und zu den erlösungsbedürftigen Menschen nicht auch Augenblicke erlebt hatte, in denen er lieber irgendwo in der Einsamkeit geschwiegen und den Herrn in aller Stille angebetet hätte. Ich denke kaum, dass er ein Wortheld war, der immer und überall das große Wort führen musste. Sicherlich gab es in seinem Leben Momente, in denen er fühlte: „Ich habe keine Kraft, ich habe keine Worte, ich habe nichts zu sagen. Müsste ich doch nicht immer predigen! Wie gerne würde ich noch einmal nach Arabien in die Einsamkeit gehen, in die Stille, und nicht mehr die Menschen mit ihren Ungerechtigkeiten und ihrem Verderben sehen müssen, nicht mehr so viel Leid, Verfolgungen und Qualen fühlen müssen! Wenigstens einige Tage der Ruhe, der Stille, der ungestörten Gemeinschaft mit dem Herrn!"

Es muss für Paulus eine friedvolle Stunde gewesen sein, in der der Herr zu seinem Apostel zu Besuch kam, um ihm zu versichern: „Du musst nicht nach Arabien gehen, denn ich bin mit dir! Rede nur weiter, bisher war es gut so, ich bin zufrieden, schweige nicht! Ich habe hier in dieser großen Stadt viele Menschen; fürchte dich nicht, ich will sie dir in den Weg schicken, sodass mein Evangelium sie durch dein Wort treffe. Wenn du schweigen würdest, könnte mir keiner in dieser Sache dienen. Fürchte dich nicht, denn wir arbeiten zusammen, du und ich."

Diese einzige Nacht reichte aus, und Paulus schwieg nicht.

Alle Menschen- und Leidensfurcht, alle Angst, seine Arbeit könnte dem Herrn unzureichend sein, war verschwunden.

Die Zusage des Herrn hatte ihn aufgerichtet. Er wusste nun, dass sie zu zweit arbeiteten, und auch wenn seine Arbeit nur mangelhaft war – er war doch nur das Werkzeug –, vollführte die Hand des Meisters ein gutes und vollkommenes Werk, denn sie konnte nicht fehlgreifen.

Erst nach anderthalb Jahren erhob sich Satan und versuchte, unter Zuhilfenahme der Juden, Paulus aus Korinth zu vertreiben, aber vergeblich. Der hervorgerufene Sturm legte sich wieder.

Eine Folge dessen war, dass Gosthenes, der Nachfolger des Krispus, der Oberste der Schule, an den Herrn gläubig wurde, denn wir finden seinen Namen in einem Brief des Apostels unter den Namen der Brüder genannt.

Noch lange blieb Paulus in Korinth, und als er fortging, ließ er eine große, mit allen Geistesgaben ausgerüstete Gemeinde zurück. Von den Ufern Korinths aus wurde die Botschaft des Heils in die weite Welt getragen.

Nichts ist mächtiger als das durch den Geist verkündigte Evangelium. Selig ist derjenige, der sich treu in seinen Dienst gestellt hat!

14. In Ephesus

Paulus' Aufenthalt in Korinth ging zu Ende. Der Mann Gottes, der unter der ununterbrochenen Leitung des Heiligen Geistes stand, hatte erkannt, dass er weiterziehen sollte.

Bedenken wir, dass wir, wenn uns der Herr in seinen Dienst gestellt und unserer Arbeit Gelingen geschenkt hat, unseren Platz nicht gern verlassen.

Bei Paulus war das anders. Sobald er erkannte: Der Herr hat hier schon andere Arbeiter, ich kann dahin gehen, wo der Name Christi noch nicht bekannt ist; den Korinthern bin ich nicht länger die Heilsbotschaft schuldig, aber weiter weg leben Menschen, die das wunderbare Evangelium noch nicht gehört haben – war er bereit weiterzuziehen.

Der Herr erlaubte seinem treuen Diener eine kurze Erholung. Er durfte nach Antiochien gehen und sich über den Fortschritt in der Gemeinde Gottes freuen; dann nach Jerusalem, in die Stadt, die für jeden Israeliten das Ziel seiner Sehnsucht und Liebe war und wo Gethsemane, Golgatha und der Ölberg waren, wo im Tempel der Vorhang zerrissen war und wo alle diejenigen waren, die den Herrn Jesum gesehen und nach seiner Auferstehung mit ihm gegessen und getrunken hatten.

Gestärkt und erfrischt kehrte der Apostel nach Ephesus zurück, wie er versprochen hatte. Er wanderte durch

Galatien und Phrygien und stärkte die Jünger in den von ihm gegründeten Gemeinden, die inzwischen zu einem großen Baum herangewachsen waren.

Unterdessen war an dem Firmament des Werkes in Ephesus ein neuer Stern aufgetaucht: Apollos von Alexandrien, von dem das Wort Gottes eine kurze, aber wichtige Beschreibung gibt: „Ein beredter Mann und mächtig in der Schrift."

Dieser Mann, voll glühender Liebe und Begeisterung für Gott, verkündigte eifrig, was er selbst erkannt und erfahren hatte.

Während die Menge von ihm ergriffen war und kein Auge von ihm wenden konnte, sagt Priscilla zu Aquila: „Lieber Mann, es ist der Geist Gottes, der aus ihm spricht; aber ihm fehlt noch etwas."

„Das Allerwichtigste, Priscilla. Das, was er verkündigt, sind nur Mose und die Propheten, unseren hochgelobten Herrn Jesus kennt er noch nicht."

„Wollen wir ihn zu uns einladen, Aquila?"

„Tu, was du für gut hältst."

Nun, sie luden ihn ein. Wie wunderbar, dass dieser Theologe sich von einem Zeltweber und seiner Frau einladen und sich von ihnen sagen ließ, dass er noch an der Tür zum Heil stehe, und dass er durch diese Tür eingehen müsse, wenn er samt seinen Zuhörern selig werden wolle! Er wurde später ein mächtiges Werkzeug Jesu Christi.

Als Apollos nach einiger Zeit auf seiner Reise durch Achaja nach Korinth kam, übertrug ihm der Herr die

Aufgabe, sein Werk dort weiterzuführen. Es wird von ihm gesagt, dass er den Gläubigen half, und dass er die Juden beständig überwand, indem er mit seiner Gabe des Redens aus der Schrift bewies, dass Jesus der Christus war.

Nun war Korinth versorgt; Paulus konnte die Arbeit ruhig Apollos überlassen.

Gehen wir nun nach Ephesus! Wir wollen erst sehen, was für eine Stadt es war, wo der Herr seinen Apostel hingerufen hatte.

Korinth war eine Hochburg der Weltlust, der Genusssucht und der Unsittlichkeit, ein echtes Bild der Welt überhaupt, Ephesus dagegen ein Wallfahrtsort, eine Feste der Religion ohne Erkenntnis des lebendigen Gottes, kurz gesagt, des Götzendienstes. Alles darf man dem Menschen nehmen, alles darf man antasten außer seinen Gott und seine von den Vätern ererbte Religion.

Ephesus mit seiner märchenhaften Pracht war ein einziger Altar, eine einzige Opferstätte. In der Mitte befand sich, gleich einem Diamanten, der von Edelsteinen umgeben ist, der geheimnisvolle, sagenhafte Tempel der Göttin Diana, der in seinem Innern, von Vorhängen umhüllt, das Bildnis der Diana barg, der Tochter des Donnergottes Zeus. Dieser Tempel mit seinen unheimlichen, mystischen Gottesdiensten war ein Magnet, der Hunderttausende von Pilgern nach Ephesus zog. Die schönsten Mädchen von Griechenland dienten Diana als Priesterinnen und betörten die

Sinne der Anwesenden mit ihren Tânzen und Gesängen.

Paulus schritt einsam durch die Straßen der Stadt. Er war allein mit Gott, kein anderer teilte den Glauben mit ihm. Er ging an den Kaufbuden vorbei, in denen die Kaufleute kleine, nachgemachte Tempel der Diana anboten, die einen aus Holz, die anderen aus Elfenbein, wieder andere aus Gold und Silber. Der Reiche zahlte viel dafür, der Arme gab das Letzte hin, um ein Götzenbild zu haben, vor dem er niederknien konnte.

Es war gerade so wie in einem Wallfahrtsort heutzutage. Auch da bekommt man alles zu kaufen: Statuen der Jungfrau Maria und der Heiligen, geweihte Rosenkränze, Holzsplitter vom Kreuze Christi (von denen man schon so viel verkauft hat, dass vom richtigen Kreuz schon nichts mehr übrig sein kann), Heiligenbildchen, Weihbrunnkessel, Skapuliere, Gebetsbüchlein usw. So war es auch in Ephesus. Paulus' Herz krampfte sich bei diesem Anblick vor Schmerz zusammen.

Was würde Paulus heute sagen, wenn er auf einem Wallfahrtsmarkt sein Bild im Angebot finden würde?

Wenn er nun in Ephesus aufgetreten wäre und gepredigt hätte: „Du sollst dir kein Bildnis noch irgendein Gleichnis machen", hätten sie ihn erschlagen. Und heute? Diejenigen, die seine eigene Statue gekauft und ein Lämpchen davor angezündet haben, würden ihn verbrennen, denn die eigenen Götzen lässt sich niemand nehmen. Paulus versuchte das auch gar nicht. Er wusste, dass der, den er brachte, stärker war als alle Macht der Welt. Er war fest entschlossen, die Diana zu stürzen, ihr Bild unschädlich zu machen und diesen Götzendienst zu vernichten; aber er wusste, dass es vergeblich war, einem Baum die Äste abzuschlagen, denn dann würden sie nur umso üppiger emporschießen. Sobald es aber gelingt, unbemerkt bis zu seiner Wurzel zu kommen und die feinen Fasern zu zerreißen, die ihn mit der Erde verbinden, verdorrt der Stamm, und der ganze Baum stirbt ab.

Still verlor sich der Gotteskämpfer in der großen Menge und begann sein Werk in der jüdischen Schule, wo er drei Monate lehrte. Da er aber, wie gewöhnlich, kein Verständnis fand, sonderte er die für den Herrn gewonnenen Jünger ab und lehrte in der Schule eines gewissen Tyrannus zwei Jahre lang.

Die beiden Schulen waren in dem großen Ephesus fast unbekannt. Wie ist es da möglich, dass geschrieben steht, „dass alle, die in Asien wohnten, das Wort des Herrn Jesu hörten"?

Daran war nichts Seltsames. Es kamen täglich neue Wallfahrer nach Ephesus, auch Paulus predigte jeden Tag. Nachdem die Diana-Verehrer ihre Zeremonien verrichtet und ihre Götzenbilder gekauft hatten, unterhielten sie sich miteinander.

„Ich dachte, ich würde gesund werden", sagte der eine. „Ich habe solch einen weiten Weg gemacht, aber vergeblich."

„Und ich habe solch eine Last auf dem Herzen, und ich meinte, hier würde sie mir abgenommen werden; die Priester haben alles Mögliche gemacht, aber mir geht es genauso wie zuvor."

„Wisst ihr was?", schlug ein Dritter vor, „dort in dieser Gasse wohnt ein gewisser Tyrannus. Dort verkündigt jeden Abend ein fremder Mann seltsame, große Dinge. Wir wollen ihn anhören, das kostet ja nichts, und wir verlieren nichts dabei."

So gingen sie hin und fanden Frieden und Heil, viele von ihnen auch leibliche Gesundheit; denn in jener Stadt, wo die Krankheit durch Zauberei und Besprechen geheilt wurde, erfüllte der Herr Jesus an Paulus sein gegebenes Versprechen: „Auf die Kranken werden sie die Hände legen, so wird's besser mit ihnen werden."

Wir lesen von ihm, was wir nirgends sonst lesen: „Gott ließ durch Paulus ganz ungewöhnliche Dinge geschehen. Die Leute nahmen sich sogar die noch schweißfeuchten Kopf- und Halstücher, die er getragen hatte, und legten sie den Kranken auf. Dann verschwanden alle Krankheiten, und auch die Besessenen wurden von den bösen Geistern befreit." Der Herr alles Götzendienstes ist der Satan. Alle Götzendiener und besonders diejenigen, die das Volk in ihrem Irrtum erhalten, sind von ihm besessen. Satan hat eine große Macht; er ist imstande, große Wunder durch einen Menschen zu verrichten, in dem er wohnt. So war es auch in Ephesus; aber in Paulus kam Jesus

Christus durch den Heiligen Geist, um zu beweisen, dass er der Stärkere ist. Also musste Paulus Wunder tun, und die Teufel mussten weichen, wohin dieser Mann auch kam. Der harte, zweijährige Kampf schloss mit dem Sieg Jesu. Vom Tempel der Diana sind bis auf den heutigen Tag nur Trümmer geblieben. Sie wird schon längst nicht mehr verehrt, aber Jesus, der Gekreuzigte, herrscht, und das Samenkorn, das Paulus in Ephesus gesät und das sich über Asien ausgebreitet hat, ist aufgegangen und hat die heidnischen Götzen zunichte gemacht.

Aber kehren wir noch einmal ein wenig zurück. Das Erste, was Paulus in Ephesus tat, war, dass er etliche Männer aus Unwissenheit und Selbstbetrug herausführte. Ebenso hatten Priscilla und Aquila Apollos für den Herrn gewonnen. Viele Menschen glauben an Gott und an Jesus, aber in ihnen ist keine Kraft, kein wahres Leben. Sie sollen erfahren, was es bedeutet: „Christus ist für uns gestorben, wir haben Vergebung der Sünde"; aber da ihnen niemand etwas vom Heiligen Geiste gesagt hat, haben sie ihn nicht aufgenommen, und so können sie nicht verstehen, was es bedeutet: „Christus in euch, die Hoffnung der Herrlichkeit."

Paulus ließ die Menschen nicht in diesem Zustand. Möge doch jede Gemeinde Wert darauf legen und fragen: „Habt ihr den Heiligen Geist empfangen, als ihr gläubig wurdet?"

Wenn man einem hoch verschuldeten Menschen die

Schulden bezahlt, wird er sehr glücklich sein; aber wenn man ihm nicht eine Summe für einen Neuanfang gibt, gerät er notwendigerweise aufs Neue in Schulden. So ist es auch mit der Seele. Wenn man sie zum Glauben führt und nach Golgatha schickt, um dort die Gewissheit zu erlangen, dass ihre Sünden getilgt sind, aber vergisst, sie dahin zu führen, dass sie durch den Glauben ihr Herz reinigt und von dem Heiligen Geist erfüllt wird, dann wird sie, die in sich selbst keine Kraft hat, aufs Neue von der Sünde überwunden und in Schuld gestürzt werden.

15. Die große Diana

Es gibt unter den Menschen viele falsche Ansichten über Satan. In Ephesus lebte ein Jude namens Skevas, dessen sieben Söhne in Verbindung mit dem Teufel Geisterbeschwörung praktizierten. Sie hatten gesehen, welche Macht in dem Namen Jesu lag, den Paulus verkündigte.

Daher beschlossen sie untereinander: „Wir wollen von jetzt an im Namen Jesu beschwören!" Sie versuchten es; aber was geschah?

Sie riefen: „Wir beschwören euch im Namen Jesu, den Paulus predigt". Doch der Besessene stürzte sich auf sie und schrie: „Ich kenne Jesus, und ich kenne auch Paulus. Aber wer seid ihr?"

Aber kannte der böse Geist die sieben Geisterbeschwörer wirklich nicht? Hatten sie die bösen Geister nicht durch Zauberei und Beschwörung aus Besessenen vertrieben?

Ich denke, dass es ihnen in Wirklichkeit nie gelungen war. Böse Geister, die durch Beschwörung ausfahren sollen, treiben nur ihren Spott mit den Beschwörern und ihren armen Opfern.

Es ist etwa so, wie wenn bei einer Versteigerung die Kaufleute sich untereinander besprechen in der Absicht, ihren Schuldner, dem sie Haus und Hof versteigern lassen, zugrunde zu richten. Erst bietet niemand einen Heller, dann werden lächerlich niedrige

Angebote gemacht, und es dauert lange, bevor sie auf einen Preis kommen, für den die Gläubiger kaufen oder verkaufen wollen. Der unglückliche Besitzer ist dankbar, dass das Haus wenigstens so hoch versteigert worden ist, trotz dessen, dass er vernichtet ist.

So ist auch die Menge der Dämonen immer im Einverständnis miteinander und bildet eine geschlossene Kette. Wenn einer auf Befehl des anderen sein Opfer für einige Zeit verlässt oder sich sorgfältig verbirgt, so ist jener Unglückselige darum noch nicht aus der Macht des Teufels befreit.

„Wer seid ihr?", fragte der unreine Geist. „Jesus kenne ich sehr wohl, und auch Paulus, den ich Schritt für Schritt verfolge und doch nicht überwinden kann, kenne ich; aber wie könnt ihr es wagen, ihr Irrgeister, mich im Namen dieser beiden aus eigener Kraft vertreiben zu wollen? Jetzt will ich euch zeigen, wer ihr seid und euch entlarven!" Satan hatte in seiner Wut, dass Menschen ihr Spiel mit ihm treiben wollten, seine bisherigen Diener bestraft und damit, ohne es zu wollen, der Wahrheit zu einem großen Sieg verholfen.

Wir lesen, dass alle Juden und Griechen in Ephesus davon erfuhren, und dass der Name des Herrn Jesus hoch gelobt wurde.

Das blieb auch nicht ohne tiefen Eindruck auf die Gläubigen. Sie alle waren vor ihrer Bekehrung in Zauberei und Geisterdienst verflochten gewesen und hatten darüber noch nicht Buße getan, weil sie dachten, dass es genug sei, wenn sie die furchtbaren Sünden nicht länger taten. Jetzt, wo sie mit Entsetzen erkannten, dass auch sie einst an diesen Werken der Finsternis teilgehabt hatten, kamen sie und bekannten ihre Sünden öffentlich.

Es kamen besonders diejenigen, die scheinheilige Kunst und Wissenschaft betrieben hatten. Sie brachten ihre Bücher herbei und verbrannten sie vor der ganzen Versammlung. Es verbrannte ein Besitz von ungefähr 43 000 DM, was zu einer Zeit, in der das Geld wertvoller war als heute, einen noch viel größeren Betrag bedeutete.

Was waren das für Bücher? Es waren vor allem religiöse Bücher, die über den Dämonenkult erzählten, dann so genannte magische Bücher, die Beschwörungsformeln enthielten; und unsittliche Bücher, die das heidnische Leben und Treiben der Epheser schilderten. Wenn nur die Christen auch heute ihre Bücherschränke durchsuchen und die Bücher, die Gott lästern, entfernen würden!

Es sind besonders vier Dämonen, denen die Welt am meisten dient: der Dämon des Geldes, der Dämon der Unsittlichkeit, der Dämon des Unglaubens und des Aberglaubens und der Dämon der Trunksucht. Jedes Gotteskind, das einem dieser Dämonen gedient hat, muss über dieser Sünde Buße tun.

Ich kenne eine Schwester, die einem Blinden das Augenlicht ersetzte, indem sie für ihn schrieb. Aber als sie zum Glauben kam und erkannte, welch furchtbarer Unglaube in dem Werk des Blinden enthalten war, erklärte sie ihm, dass sie etwas Ähnliches nicht schreiben dürfe und wolle. Eine andere verließ ihre gute Stellung, weil sie ihrer Dame nicht länger unsittliche Bücher vorlesen wollte. Eine dritte gab ihre einträgliche Stellung als Kassiererin in einer großen Weinhandlung auf, als sie nach ihrer Bekehrung sah, wie viele Menschen durch dieses Geschäft in Trunksucht verfielen.

„Habt nicht lieb die Welt noch was in der Welt ist", mahnt Johannes und fügt hinzu: „Hütet euch vor den Abgöttern!" Nun, die Epheser hatten Ordnung in ihr Leben gebracht, und an uns ist es, das Gleiche zu tun. Hüte dich, durch irgendetwas dem Geiz, der Unsittlichkeit oder der Trunksucht förderlich zu sein, und hüte dich besonders vor dem Aberglauben!

Halte dich fern von Spiritismus, Okkultismus und anderen modernen Verbindungen mit der Macht der Finsternis. Öffne dein ganzes Herz dem Herrn Jesu, damit er in dir herrsche!

Aber nun wollen wir sehen, was der Feind tat, als er bemerkte, dass er durch die sieben umherziehenden Beschwörer sich selbst in Schmach und Schande gestürzt hatte.

Es gibt Leute, die demjenigen, der sie moralisch besiegt hat, nie vergeben können. So ging denn der Satan zu den Goldschmieden von Ephesus und sagte: „Ihr wisst sehr wohl, dass an dem Diana-Kult nichts dran ist und eure kleinen Bildsäulen keinem Menschen helfen können. Aber dieser Paulus von Tarsus sorgt dafür, dass ganz Asien diese Wahrheit erfährt. Was werdet ihr dann machen, wenn niemand eure Bilder mehr kaufen wird?"

Diese Gedanken flößte Satan dem Goldschmied Demetrius ein, der seine Genossen zusammenrief und sprach: „Männer, ihr wisst: Unser ganzer Wohlstand hängt davon ab, dass wir diese Nachbildungen herstellen. Und ihr werdet erfahren haben, dass dieser Paulus den Leuten einredet: ‚Götter, die man mit Händen macht, sind gar keine Götter.' Er hat mit seinem Reden nicht nur hier in Ephesus Erfolg, sondern fast überall in der Provinz Asien. Deshalb besteht die Gefahr, dass er nicht nur unseren Handel in Verruf bringt. Stellt euch vor, es würde so weit kommen, dass der Tempel der großen Göttin Diana seine Bedeutung verliert: Stellt euch vor, dass die Göttin selbst in Vergessenheit gerät, die von den Leuten überall in unserer Provinz und in der ganzen Welt verehrt wird!"

Dieses Wort zündete wie ein Funke. „Groß ist die Diana der Epheser!", schrien die Goldschmiede voller Zorn. Gleich einem Feuer verbreitete sich die Kunde davon in der ganzen Stadt. Die erregte Menge stürzte durch die Straßen und schleppte Gajus und Aristarchus mit sich, die soeben gekommen waren, um Paulus zu besuchen.

Das Geschrei drang bis zu Paulus; aber als er unter das Volk gehen wollte, hinderten die Brüder ihn daran. Unterdessen wuchs der Lärm der herbeiströmenden Menge; die einen schrien so, die anderen so. Sie brachten auch einen gewissen Alexander herbei, den die Juden zum Sprechen zwangen. Natürlich mussten sie sicher sein, dass er Paulus nicht verteidigen würde. Aber das Volk ließ ihn gar nicht zu Wort kommen. Sobald sie sahen, dass er ein Jude war, fingen sie aufs Neue an zu schreien und riefen zwei Stunden lang: „Groß ist die Diana der Epheser!"

Endlich, als niemand mehr schreien konnte, betrat der Kanzler, der oberste Beamte der Stadt, einen erhöhten Platz, um mit dem Volk zu reden. Hätten die Menschen ihn aus der Nähe gesehen, hätten sie wohl das leise, ironische Lächeln sehen können, das um seinen Mund spielte.

Er war ein vorzüglicher Advokat. Er wartete den richtigen Moment ab, und dann begann er seine Rede.

„Ihr Männer von Ephesus, in der ganzen Welt weiß man doch, dass zu unserer Stadt der berühmte Tempel der Göttin Diana gehört und hier ihr vom Himmel gefallenes Bild verehrt wird. Das kann niemand abstreiten. Beruhigt euch also und lasst euch zu nichts hinreißen!"

„Wer von den Menschen", so will er damit sagen, „zweifelt an dem, was ihr da schreit? Wer kennt nicht die Treue und Anhänglichkeit der Epheser gegenüber ihrer Göttin Diana und deren Bild? Darum geziemt es sich, dass ihr euch beruhigt und nichts Übereiltes begeht. Ihr habt Leute hergebracht, die weder Tempelräuber noch Lästerer eurer Göttin sind." (Beachten wir noch, er sagt nicht „unserer", sondern „eurer" Göttin.)

Diese Rede zeigte ihre Wirkung. Das Volk schämte sich nun seines zwecklosen Geschreis. Es gibt wohl kaum einen Menschen, der sich gerne beschämen ließe, der nicht bestrebt wäre, sich an einem anderen dafür zu rächen, dass er beschämt wurde. Aber der Redner fuhr mit Überlegung fort:

„Wenn Demetrius und seine Handwerker geschädigt worden sind, dann gibt es dafür Gerichte und Behörden. Dort können sie ihre Klage vorbringen. Wenn ihr aber andere Forderungen habt, muss das auf einer ordentlichen Volksversammlung geklärt werden. Was heute geschehen ist, kann uns leicht als Rebellion ausgelegt werden. Es gibt keinen Grund für diesen Aufruhr, wir können ihn durch nichts rechtfertigen." Mit diesen Worten löste er die Versammlung auf.

Eine ausgezeichnete Rede! Nur einer, der das stolze, ehrgeizige Volk der Griechen kannte, das sich von den Römern nichts sagen lassen wollte, und der in seinem Herzen die Götzen längst verworfen hatte, konnte die Menge aufhalten.

Nachdem sich der Tumult gelegt hatte, beendete Paulus seine Arbeit in Ephesus.

16. Abschied

Wenn Freunde voneinander scheiden und die letzten Worte lauten: „Lebt wohl für immer, wir werden uns wohl nicht mehr wiedersehen!", kann nur noch die Hoffnung auf die zukünftige Welt, in der es keine Trennung mehr geben wird, Trost spenden.

So war es auch in Milet, bevor Paulus seine Reise nach Jerusalem antrat.

„Ich weiß", spricht Paulus, während sein Blick von einem treuen Bruder zum anderen geht, „ich weiß, dass ich jetzt zum letzten Mal unter euch bin. Ihr und alle, denen ich die Botschaft von der anbrechenden Herrschaft Gottes verkündigt habe, werde ich nicht wiedersehen. Jetzt gehorche ich dem Heiligen Geist und gehe nach Jerusalem, und es ist ungewiss, was dort mit mir geschehen wird. Ich weiß nur: In jeder Stadt, in die ich komme, kündigt mir der Heilige Geist an, dass in Jerusalem Verfolgung und Gefangenschaft auf mich warten."

Seine Zuhörer wurden bei diesen Worten sehr traurig, war ihnen doch dieser teure Mann mehr als Vater und Mutter, mehr als Bruder und Freund. Er hatte sie durch den Heiligen Geist und das Wort Gottes zum ewigen Leben gerufen. Er hatte ihnen das Evangelium gebracht. Tag und Nacht hatte er ihnen geistlich, mitunter auch leiblich gedient. Er hatte unter ihnen gelebt wie ein guter, älterer Bruder unter seinen jüngeren Geschwistern. In allen Schwierigkeiten war er ihr Freund und Ratgeber gewesen. Er hatte, je nach den Umständen, mit ihnen geweint und sich mit ihnen gefreut. Bei ihm hatten sie allezeit Verständnis gefunden.

Sie weinten und baten ihn, nicht zu gehen. Möglich, dass einer von ihnen sich als Ersatz anbot, um an seiner statt nach Jerusalem zu gehen; vergeblich. Der Diener Jesu Christi hörte nicht mehr auf seinen eigenen Willen. Der Herr rief, und das war seine Antwort:

> *„Mit ihm geh' ich, wie er führet,*
> *Mit ihm nach Gethsemane,*
> *Nur mit ihm auf jeden Schritt hier,*
> *Mit ihm in die Herrlichkeit"* –

Bevor wir Paulus weiter begleiten, wollen wir einen Blick nach Troas werfen. Am Abend vor seiner Abreise hielt er eine sehr lange Predigt, um den Menschen all das zu sagen, was für das Heil notwendig ist.

Ein junger Mann saß während dieser Predigt im Obergeschoss und hörte zu. Er hatte sich, nichts Schlimmes ahnend, in ein Fenster gesetzt, da im Innern des dicht gefüllten Raumes große Hitze herrschte, und er die nächtliche Kühle, die zum Fenster hereinströmte, als erfrischend empfand.

Er sah und hörte alles, aber da Paulus so lange sprach, wurde er langsam müde. Er tat alles, um gegen den

Schlaf anzukämpfen, aber vergeblich. Für einen kurzen Moment wollte er die Augen schließen. Die Stimme des Dieners Christi drang wie aus weiter Ferne an sein Ohr, immer verworrener. Schließlich hörte er nichts mehr; er schlief. Nun konnte er sich nicht mehr halten, und ehe es jemand verhindern konnte, stürzte er in die Tiefe, wo er leblos liegen blieb.

Wie furchtbar! Beim Hören auf Gottes Wort infolge eines kurzen Schlafes ums Leben gekommen!

Aber der Herr ließ nicht zu, dass Paulus mit solch einer Erinnerung Troas verlassen musste. Er schenkte seinem treuen Diener die Fähigkeit, den Knaben zum Leben zu erwecken. Das gab den Anstoß zu vielen ernsten, bis zum Morgen während Gesprächen.

Ich habe gesagt, dass sich dieses Ereignis oft wiederholt habe. Ja, es hat sich oft wiederholt, leider nicht immer mit so gutem, herrlichem Ende. So mancher Christ hat sich im geistlichen Leben auf einen erhöhten Platz geschwungen und von oben auf seine Geschwister herabgeblickt, besonders auf den, der ihnen das Evangelium verkündigte. Sie haben sich so gesetzt, dass sie zur Hälfte in der Atmosphäre der Gotteskinder und zur Hälfte in der Luft der Welt lebten, und dieser zweifache Druck hat sie in Trägheit und geistlichen Schlaf gewiegt. Sie haben losgelassen, was sie hatten, und ehe es jemand ahnte, waren sie gefallen. Mancher ist tief in die Sünde gefallen, ein anderer in den Abgrund des Zweifels und des Unglaubens, so dass es für ihn keine Auferstehung mehr gab.

„Wachet und betet, dass ihr nicht in Anfechtung fallet!", ruft der Herr den Seinen zu. Wir wollen uns zu den Füßen unseres Herrn legen, uns niemals hoch emporschwingen und von da auf unsere Brüder herabblicken; wir wollen uns niemals etwas darauf einbilden, dass wir viel Licht haben, dann werden wir vor dem Fall bewahrt bleiben.

In Milet gab es keine große Versammlung. Dort vor jener ernsten Versammlung legt der große, aber in seinen eigenen Augen kleine Apostel Rechnung ab.

Lesen wir aufmerksam seine Worte; welch eine ruhige Gewissheit weht uns da entgegen! Paulus bezeugt, dass er in Asien viel geweint, viele Anfechtungen erduldet habe, aber auch, dass er nichts versäumt hatte. Wenn jemand von ihnen verloren ginge, dann würde er aus eigener Schuld verloren gehen. Er hatte es nicht unterlassen, ihnen den ganzen Rat Gottes zu verkündigen. Er erinnert sie daran, dass er ihnen umsonst gedient, dass er von ihnen weder Silber noch Gold begehrt, sondern sich und seine Gefährten durch seiner Hände Arbeit ernährt hatte.

Aber er warnt sie auch, dass nach seinem Abschied reißende Wölfe kommen und aus ihrer eigenen Mitte Männer aufstehen würden, die eine verkehrte Lehre verkünden würden, um die Seelen der Jünger an sich zu ziehen.

Nun, nachdem er ihnen die Vergangenheit, die Gegenwart und die Zukunft beleuchtet und sie ermahnt hatte, treu auf sich selbst und auf die ganze Gemeinde zu achten, schied er im Gebet von ihnen, die er so sehr liebte, und von denen er so innig wiedergeliebt wurde.

Möge der Herr es uns geben, dass, wenn wir ihm einst über unser Leben Rechenschaft geben müssen, es in dem ruhigen Bewusstsein tun dürfen, dass wir nichts versäumt haben von all dem, was unser König forderte, der uns zum Dienst an der Menschheit auf diese Erde gesandt hat!

17. In Jerusalem

„Bei der Ankunft in Jerusalem wurden wir von den Brüdern dort herzlich aufgenommen." Welch eine Freude war das für Paulus, dass nicht nur er, sondern auch seine geliebten geistlichen Söhne mit so viel Liebe in Jerusalem aufgenommen wurden! In den ersten Stunden schien es, als würden alle die Prophezeiung, mit denen die neutestamentlichen Propheten Paulus erschreckt hatten, nämlich dass er in Jerusalem gefangen genommen wird und leiden sollte, nicht in Erfüllung gehen. Bei Jakobus, diesem von allen Christen hoch geschätzten Apostel, den der Heilige Geist mit so viel Umsicht und Takt ausgestattet hatte, dass die Gemeinde bei ihm in allen schwierigen Fällen Rat suchte, fand die Versammlung der Ältesten statt. Sie waren gekommen, um von Paulus einen ausführlichen Missionsbericht zu hören. Sie hörten all die wunderbaren Dinge. Und, wie wir lesen, lobten sie den Herrn für die großen, wunderbaren Dinge, die er unter den Heiden getan hatte.

Die Versammlung verehrte Paulus sehr. Sie freuten sich, dass er von allen Verleumdungen und bösen Nachreden gereinigt vor ihnen stand, kamen doch beständig Anklagen an die Gemeinde und die Apostel, die ihn der Sektiererei beschuldigten. „Du siehst, lieber Bruder, wie es hier steht", sprachen sie voll Liebe. „Wir haben Tausende von Juden, die Jesus als ihren Herrn angenommen haben, und sie halten sich auch als Christen noch streng an das Gesetz Moses. Man hat ihnen erzählt, dass du die Juden im Ausland dazu bringst, sich von Mose abzuwenden. Sie sollen ihre Kinder nicht mehr beschneiden und nicht länger nach den alten Vorschriften leben."

Was Paulus wohl in diesem Moment dachte? Diese Worte entsprachen der Wahrheit. „So ihr euch beschneiden lasst, ist Christus euch nichts nütze!", hatte er draußen gelehrt. Zwar hatte er die Juden nicht angeleitet, die Beschneidung zu unterlassen, ja, er selbst hatte Timotheus beschnitten, dessen Vater ein Grieche war, um den Juden kein Ärgernis zu geben, aber er hatte ihnen klar bezeugt: „In Christus Jesus gelten weder Beschneidung noch Vorhaut etwas, sondern eine neue Kreatur." Er hatte auch verkündigt, dass das Gesetz in Christus erfüllt und vollendet ist, und dass wir nicht mehr im Zeitalter des Buchstabens, sondern des Geistes leben. Er hatte ihnen gesagt, dass sie alles Fleisch essen durften. Das Reich Gottes ist nicht Essen und Trinken.

Paulus hörte zu und schwieg; ein Ausdruck brüderlicher Verträglichkeit liegt auf seinem Antlitz.

„Wegen der Nichtjuden, die Christen geworden sind, haben wir ja schon eine Entscheidung getroffen. Wir haben ihnen geschrieben, sie sollen weder Fleisch vom Götzenopfer essen noch Blut genießen, kein Fleisch von erwürgten Tieren anrühren und sich vor Blutschande hüten. Aber unsere gesetzestreuen Brüder werden sicher erfahren, dass du hier bist. Deshalb solltest du unserem Rat folgen. Wir haben hier vier Männer, die das Gelübde auf sich genommen haben, eine Zeit lang keinen Wein zu trinken und sich das Haar nicht schneiden zu lassen. Die Zeit ihres Gelübdes ist gerade abgelaufen. Schließ dich ihnen an und nimm an den abschließenden Weihen teil. Dann werden alle erkennen, dass die Berichte über dich falsch sind und dass du selbst nach dem Gesetz Moses lebst."

Ich stelle mir vor, an Paulus' Stelle hätte ein moderner, freidenkender Christ gestanden, einer, der bereit ist, alles niederzureißen, was andere vor ihm gebaut haben, wenn es sich nicht mit seiner jüngst erkannten Überzeugung verträgt. Was hätten die alten Väter der Kirche zu Jerusalem anhören müssen! „Den Heidenchristen lasst ihr die Freiheit, und die Brüder aus dem Judentum wollt ihr unter dem Joch des Zeremonien- und Gesetzeswesens erhalten? So viele Jahre seid ihr schon in Christus und seid noch nicht weiter in der erkannten Wahrheit, dass Christus uns vom Gesetz befreit hat?!"

Aber was machte Paulus? Er saß still da und hörte nachdenklich zu. Sicherlich hätte er am liebsten gesagt: „Sollte ich das, was ich abgebrochen habe, erneut bauen?" Wenn er ihr Verlangen erfüllte, das sie ihm so aufrichtig, so liebevoll vorgetragen hatten, würde das für ihn ein Opfer sein. Er würde sich freiwillig durch das Gesetz die Hände binden lassen. Für ihn war heute der Tempel, den er einst so sehr geliebt hatte, mit seinem zerrissenen und wieder zugenähten Vorhang nichts anderes als ein Haufen Steine. Aus tiefstem Herzen bezeugte er, dass Gott nicht in Häusern wohnt, die mit Menschenhänden gemacht sind. Im Tempel, wo für Jesus von Nazareth kein Raum gewesen war, wo die Juden durch ihre noch immer dargebrachten Opfer beständig dem Willen Gottes widerstrebten, konnte das Herz des großen Apostels nichts anderes empfinden als Schmerz und Trauer. Und dennoch gab er nach und ging hin.

Wenn wir bedenken, was dann folgte, und in welch große Gefahr ihn gerade diese Sorge der Ältesten zu Jerusalem stürzte, möchten wir sagen, dass Paulus ihren Vorschlag besser zurückgewiesen hätte. Das ist leicht gesagt. Sollte dieser Mann, der es gewöhnt war, Verfolgung, Unrecht, Zurücksetzung zu ertragen, und dessen Losung es war: „Ist es möglich, so viel an euch ist, habt mit allen Menschen Frieden" – der Liebe Widerstand bieten?! Wer selbst liebt, den verlangt nach nichts so sehr wie nach Liebe. Vielleicht dachte er: „Ich bin den Juden ein Jude, den Griechen ein Grieche gewesen, um sie zu gewinnen; warum sollte ich nun nicht meinen teuren Brüdern nachgeben, um sie so für den großen Gedanken der Verbrüderung aller Nationen in Christus zu gewinnen?! Wäre ich ein Heidenchrist, dann könnte ich dieses Joch nicht auf mich nehmen; aber ich bin ein Jude, so will ich denn noch einmal diese Zeremonie auf mich nehmen."

Wie immer wir die Sache auch sehen, es liegt eine

Schwachheit in dieser Nachgiebigkeit. Aber mir erscheint der Apostel in dieser seiner von Liebe und Verträglichkeit diktierten Schwachheit so viel größer als so manche Gotteskinder, die auf die Unfehlbarkeit ihrer Überzeugung pochen und alle anderen Gotteskinder richten, die andere Überzeugungen und Gewohnheiten haben. Es ist besser, aus Liebe einer Versuchung zur Schwachheit zu unterliegen, als mit hartem Herzen zu siegen und sich durch Überhebung gegenüber dem Gesetz der Liebe zu versündigen. Ein Christ, der aus Liebe in eine Schwachheit einwilligt, ist deshalb noch nicht von Christus abgefallen. Gott ist die Liebe; er wird ihn, wenn nötig, strafen und zurechtbringen, aber auch wieder aufrichten und seine Füße auf festen Grund stellen. Hingegen „widerstrebt Gott den Hoffärtigen, und von den Stolzen wird er seine Augen abwenden", um sie nicht sehen zu müssen. Durch nichts beleidigst du Gott so sehr wie durch Hochmut.

Nun, Paulus gab nach. Dass er sich bei der ganzen Zeremonie und besonders bei der Darbringung des Opfers nicht sehr wohl fühlte, ist keine Frage, und ich glaube auch, dass er den Aufruhr, den einige Juden aus Asien wegen ihm hervorriefen, für eine Strafe ansah. „Es geschieht mir ganz recht", dachte er vielleicht, während ihn die tobende Menge im Tempel hinauswarf, „warum bin ich auch dahin gegangen, wo für meinen Herrn kein Raum ist?" Schlag auf Schlag sauste auf Paulus herab, aber am meisten schmerzte ihn die geistige Fessel der alttestamentlichen Zeremonie, die seit Jesu Tod keine Gültigkeit mehr hatte.

Inmitten dieser Leiden fühlte er erneut seinen Auftrag. Im Herzen des geschmähten Mannes entbrannte das Feuer der Liebe und des Erbarmens mit dem armen, verhärteten Volk. Wenn er ihnen doch nur ein einziges Mal Zeugnis ablegen dürfte!

Als sie ihn schließlich vor den Hauptmann der Wache geschleppt hatten, nutzte Paulus die Gelegenheit und bat um Erlaubnis, einige Worte an den tobenden Haufen zu richten. Er hatte wenig Zeit und so schilderte er ihnen in Kürze, wie er einst, genau wie sie, die Anhänger Christi verfolgt hatte. Er sagte ihnen, dass er ein geborener Tarser war, aber hier in Jerusalem von Gamaliel erzogen worden war. Und dann erzählte er ihnen, wie ihm der Herr Jesus vor Damaskus in den Weg getreten war und ihn zu sich bekehrt hatte. Er bewies ihnen, dass dieser Jesus, dem sie als einem gehenkten Übeltäter fluchten, wirklich auferstanden und wirklich gen Himmel gefahren war, wo er als Herr regiert.

Die Macht des Heiligen Geistes in Paulus' Rede fesselte die Menge dermaßen, dass sie gebannt zuhörten. Er wagte es, vor ihnen Jesus Christus, den Gekreuzigten, zu rühmen. Sie waren so überrascht, dass sie die ganze Geschichte seiner Bekehrung und seiner Erwählung zum Apostelamt anhörten. Schließlich unterbrachen sie ihn, aber er hatte ihnen schon alles gesagt, was er wollte. Sie hatten ihm ermöglicht, wonach er sich Jahre hinweg gesehnt hatte, vor der großen Menge zu predigen, öffentlich das Zeugnis abzulegen – noch dazu auf den Stufen des Tempels –, das er Jerusalem bisher geschuldet hatte. Nun mochte geschehen, was wollte, Paulus war befriedigt und gesättigt.

Da der Hauptmann, der die aramäische Sprache nicht beherrschte, nicht verstehen konnte, was die Juden in dieser ruhigen Rede so maßlos aufbrachte, wollte er nach Römerart kurzen Prozess machen, und befahl, Paulus zu geißeln, damit er in diesen Qualen bekenne, was er dem Volk getan hatte. Hier sehen wir den wahren, erfahrenen Knecht des Herrn. Er ist bereit zu sterben; aber da er nicht weiß, ob die Stunde seines Heimganges gekommen ist, ist er ebenso bereit, Schutz vor überflüssiger Schmähung zu suchen. Aufs Neue beruft er sich auf sein römisches Bürgerrecht, und nicht vergeblich.

Der Herr Jesus sagt zwar: „Ihr sollt nicht widerstreben dem Übel", aber er sagt auch: „Und so sie euch in einer Stadt verfolgen, so fliehet in eine andere." Und: „Die Obrigkeit ist von ihm gesandt, zur Rache über die Übeltäter und zum Lob den Frommen." Wenn es sich darum handelt, sein eigenes Leben oder das Leben der Geschwister zu schützen, dann soll ein Christ alles tun, um das Leben zu schützen, solange er dabei nicht sündigt.

Am Morgen war Paulus noch ein freier Mann, am Abend saß er im Gefängnis. Obwohl sie ihm die Fesseln abgenommen hatten, war er ein Gefangener um

Christi willen. Die Weissagungen waren in Erfüllung gegangen; Gefangenschaft und Trübsal warteten auf ihn in Jerusalem.

Es ist merkwürdig, dass Paulus auf seiner letzten Reise auf so viele Propheten traf, die ihm all die bösen Dinge vorausgesagt hatten, schon bevor er nach Milet kam, dann in Tyrus und schließlich Agabus in Cäsarea. Nur an einem Ort lesen wir nichts von derartigen Weissagungen. Es ist das Haus von Philippus, dem Evangelisten, der als Erster das jüdische Vorurteil durchbrochen und in Samaria Christus gepredigt hatte. Durch ihn war es in Samaria zu einer großen Erweckung gekommen, und er war es auch, der den Kämmerer von Äthiopien gelehrt und getauft hatte.

Ganz sicher hatte Paulus sich in Philippus' Haus sehr wohl gefühlt. Philippus hatte vier Töchter, die ehelos geblieben waren und vom Herrn die Gabe der prophetischen Weissagung erhalten hatten. Der Herr verkündigte durch Philippus und seine Töchter nicht Leid und Gefangenschaft, sondern gab Paulus Trost und Stärkung.

Gar oft gab es in gläubigen Kreisen schon Meinungsverschiedenheiten über diese vier Töchter und Prophetinnen. Die einen behaupten, dass sie öffentlich in Cäsarea zur Erbauung der ganzen Gemeinde weissagten und dass Frauen und Jungfrauen zum ersten Mal in der christlichen Kirche öffentlich das Evangelium verkündigten. Andere hingegen behaupten, diese Prophetinnen hätten nur daheim für sich und Gott geweissagt, der Apostel Paulus hätte mit ihnen keine geistliche Unterredung gehabt und sie hätten ihm nur mit Speis und Trank gedient. Wie immer es auch war, eines ist sicher: Gott schenkt keinem Menschen Geistesgaben, damit er sie vor anderen versteckt. Die Gabe der Weissagung ist stets nur zu dem Zwecke verliehen worden, um die Gemeinde zu bessern und zu ermahnen (vergl. 1. Kor. 14,3.4). Wenn der Herr Jesus ruft: „Wen da dürstet, der komme zu mir und trinke!", schließt er nirgends die Frauen aus.

Ich kann mir vorstellen, wie der Apostel Paulus im Gefängnis von der Erinnerung an die trostreichen Stunden bei Philippus und seinen Töchtern zehrte.

18. Verschwörung und Reise nach Rom

Schließlich kam Paulus vor den jüdischen Rat, voller Liebe sprach er seine Richter mit dem Brudernamen an, woraufhin sie befahlen, ihm auf den Mund zu schlagen.

Er durfte darin seinem Herrn gleichen, denn auch ihm war ohne Grund ins Gesicht geschlagen worden. „Gott wird dich schlagen, du Scheinheiliger!", rief Paulus, nicht in seiner eigenen Ehre beleidigt, sondern entrüstet, dass es im jüdischen Rat so ungerecht zugehen durfte. „Du bist hier, um nach dem Gesetz ein Urteil über mich zu sprechen, aber du lässt mich gegen alles Gesetz schlagen!"

„Wie, du wagst den obersten Priester Gottes zu beleidigen?", riefen die Väter des Synedriums und ballten in heiliger Erbitterung die Hände.

„Ich habe nicht gewusst, Brüder, dass er der oberste Priester ist", verteidigte sich Paulus.

Die Römer setzten den jüdischen Hohenpriester sehr häufig ab und ernannten einen anderen. Paulus sprach die Wahrheit; er war jahrelang nicht in Jerusalem gewesen und kannte den jetzigen Rat nicht; aber er fügt zur Entschuldigung hinzu: „Ich weiß wohl, dass in den heiligen Schriften steht: ‚Ihr sollt den Obersten eures Volkes nicht beschimpfen'."

Aber dann geschah etwas, was ein deutlicher Beweis

dafür ist, dass die Umgebung, in der ein Mensch vor seiner Bekehrung gelebt hat, doch stets einen verderblichen Einfluss auf ihn ausübt. So ging es auch Paulus. Er stand hier vor einer großen Versammlung, die nur zu einem Drittel aus gesetzestreuen Pharisäern bestand, während die anderen oberflächliche, ungläubige Sadduzäer waren. Plötzlich fühlte er sich mit seinen ehemaligen Gesinnungsgenossen einig und rief in die Versammlung hinein: „Brüder, ich bin ein Pharisäer und komme aus einer Pharisäerfamilie. Ich stehe hier vor Gericht, nur weil ich daran glaube, dass die Toten auferstehen." Vielleicht war es auch eine alte pharisäische List, die sich bei diesem Ausruf im Herzen des Apostels regte. Er wusste, dass er damit zwischen den beiden Parteien Uneinigkeit hervorrief, und was er erwartete, geschah auch, aber in solchem Maße, dass er es später bereute. Auch in Cäsarea sagte er, dass er nichts Unrechtes oder Aufreizendes gesagt habe außer dem Wort: „Ich stehe vor eurem Gericht, weil ich glaube, dass die Toten auferstehen."

Paulus' Behauptung war nicht recht, und das Hilfesuchen und die Verbrüderung bei und mit den christusfeindlichen Pharisäern noch viel weniger. Die lobenden Worte der Pharisäer: „Wir können dem Mann nichts vorwerfen ...", konnten ihn nicht trösten.

Ich stelle mir vor, wie traurig Paulus nach der Auseinandersetzung war. Aber wer begreift die Liebe des Herrn Jesus?! Der Herr kommt zu seinem betrübten Diener und tritt vor ihn hin, nicht um zu fragen: „Paulus, wie konntest du nur so handeln, wie konntest du bei meinen ärgsten Feinden Hilfe suchen?" – Nein. „Sei getrost!", spricht der Herr. – „Lass dich nicht durch Zweifel anfechten! Du bist hier in Jerusalem für mich eingetreten; du sollst es auch in Rom tun." Welche Freude für Paulus! Der Herr war zufrieden; nun mochte kommen, was da wolle; er würde sich nicht mehr verteidigen. Nun wusste er, dass der Weg nach Rom, wohin er sich so oft gesehnt hat, in Leid und Gefängnis gehen würde; aber er wollte sich nicht verweigern, wenn nur der Herr ihn führen und gebrauchen würde!

Mit dieser Gewissheit im Herzen konnte Paulus nun Ruhe finden und neue Kräfte für all das sammeln, was da kommen sollte.

Seine Feinde hingegen kamen nicht zu Ruhe. Beim Morgengrauen hatten sich mehr als 40 Männer mit düsteren Gesichtern geheimnisvoll versammelt. Sie erhoben ihre Hände zum Schwur. Wilder Fanatismus sprühte aus ihren Augen, sie verlangten nach Blut. Der Hohepriester würde ihr Vorhaben unterstützen. Er war gerne bereit, dem einsamen, wehrlosen Paulus eine Falle zu stellen, in der er umkommen musste. Welche Ironie spiegelt sich da wieder: 40 Männer gegen einen bereits gefangenen Mann!

Aber der Neffe von Paulus hatte von der Verschwörung gehört und eilte zu den Römern. Vielleicht erinnerte er sich an frohe Kindheitstage, die er mit seinem Onkel verbracht hatte oder er verspürte die Macht, die hinter Paulus' Verkündigung stand. Die Bibel sagt uns nichts über seine Beweggründe, aber der Herr legt es ihm ins Herz, seinen Onkel zu retten.

Was erfreute Paulus wohl mehr: der Beweis verwandtschaftlicher Zuneigung oder der Beweis des göttlichen Schutzes? Sicherlich beides. Satan hatte 40 Männer mobilisiert, um Paulus zu töten, aber der Herr machte den Oberhauptmann willig, zu Paulus' Schutz zwei Unterhauptleute mit 200 Kriegsknechten und 70 Schützen auszurüsten. Bevor Paulus sich besinnen konnte, lag das prophetenmörderische Jerusalem hinter ihm, und er befand sich auf dem Weg nach Cäsarea. Warum nach Cäsarea und nicht nach Rom, wo der Herr für seinen Diener ein großes Werk bereithielt?

Da saß Paulus nun in dem schönen Cäsarea, welches Herodes so herrlich erbaut hatte, und wartete, dass er nach Rom gesandt werden würde, hatte es der Herr ihm doch verheißen! Aber er wartete länger als zwei Jahre. Zwei Landpfleger hatten sich inzwischen in Cäsarea abgelöst; erst war es Felix, dann Festus. Felix hatte Paulus kein Leid getan, im Gegenteil, er hatte ihm die Gefangenschaft erleichtert und erlaubt, dass Freunde ihn besuchen konnten. Somit war es Lukas möglich, seinen Patienten zu versorgen und gleichzeitig alle Begebenheiten, die wir in der Apostelgeschichte finden, aufzuschreiben.

Der Gefangenschaft des Paulus haben wir es wohl zu verdanken, dass das Evangelium nach Lukas entstanden ist. Sein Urheber soll es da geschrieben haben, wo Augenzeugen ihm den Stoff zutrugen. Geschwister aus Judäa, darunter sicherlich auch die Apostel, kamen abwechselnd, um Paulus zu besuchen. Lukas durfte sie kennen lernen und von ihnen alles erfahren, wie sich die Dinge zur Zeit Jesu zugetragen hatten.

Felix schadete dem Werke Gottes nicht; er schadete vor allem sich selbst. Er hatte Interesse an Paulus' Lehre und besuchte ihn eines Tages im Gefängnis. Als Paulus jedoch von der Unmoral und dem kommenden Gericht predigte, erschrak er, weil er sein sündhaftes Leben vor sich sah. Aber anstatt umzukehren, sprach er zu Paulus: „Es ist gut, du kannst jetzt gehen! Wenn ich wieder Zeit habe, lasse ich dich holen." Doch er sorgte dafür, dass diese gelegene Zeit niemals kam. Ein Mensch kann nur dann gerettet werden, wenn Gott will, und wenn Menschen ihre Bekehrung immer wieder in die Zukunft hinausschieben, werden sie am Ende verloren gehen.

Natürlich sprach Felix noch öfter mit Paulus und ließ ihn zu sich holen, aber nicht, um nach göttlichen Dingen zu fragen.

Er sah und hörte, dass Paulus wohlhabende Freunde hatte, die ihn, wenn sie wollten, loskaufen konnten; daher erwartete er, dass Paulus durch Bestechung versuchen würde, seine Freiheit wiederzuerlangen. Aber er wartete vergeblich. Und obwohl er von der Unschuld dieses Mannes vollkommen überzeugt war, ließ er ihn dennoch – um den Juden einen Gefallen zu erweisen – im Gefängnis, und so kam Paulus in die Hände des Festus.

Das Erste, was den neuen Statthalter in Jerusalem erwartete, war eine Anklage gegen Paulus. Die Juden verlangten von ihm, dass er Paulus dem Hohen Rat zuliebe nach Jerusalem bringen ließe. Festus war sicher beleidigt, dass die Juden in seine Rechte als Landpfleger eingreifen und sie verringern wollten. So wies er ihre Forderung einfach ab und gab den Juden zu verstehen, nach Cäsarea zu kommen, wenn sie etwas von ihm begehrten.

Kaum war er in Cäsarea eingetroffen, waren ihm die Juden bereits nachgekommen, und Paulus befand sich vor seinem Richterstuhl. Viele schwere, Festus' unverständliche Anklagen schwirrten dem neuen Landpfleger um die Ohren. Festus hätte sich lieber irgendwo in der Arena gut unterhalten, anstatt sich das Geschrei und Gezänke der Juden anzuhören. Was kümmerte es ihn, ob dieser Paulus schuldig oder unschuldig war? Mochten sie ihn nach Jerusalem mitnehmen und ihm dort den Prozess machen, wenigstens würde er sich damit bei den Juden beliebt machen.

„Ist es dir recht, wenn ich den Prozess nach Jerusalem verlege?" „Nein", entgegnete Paulus, „ich stehe hier vor dem kaiserlichen Gericht, das für meinen Fall zuständig ist. Du weißt genau, dass ich mich gegen die Juden in keiner Weise vergangen habe. Wenn ich etwas getan habe, worauf die Todesstrafe steht, bin ich bereit zu sterben. Aber wenn ihre Anklagen falsch sind, darf ich auch nicht an sie ausgeliefert werden. Ich verlange, dass mein Fall vor den Kaiser kommt!"

„Also", sprach Festus zu den Juden, „ihr seht selbst, dass ich euch nicht helfen kann; da müsst ihr bis nach Rom gehen!" Und zu Paulus gewendet fügte er hinzu: „Du hast an den Kaiser appelliert, darum sollst du vor den Kaiser gebracht werden." Dabei dachte er wohl: „Armer Narr, du kommst vom Regen in die Traufe. Wer hätte je gesehen, dass sich einer auf Kaiser Nero und seine Gerechtigkeit beruft? Ich möchte nicht in deiner Haut stecken."

Einige Tage später kam ein seltener, hoher Besuch nach Cäsarea. König Herodes Agrippa kam mit seiner Schwester Bernice, die als seine Gattin mit ihm lebte, obwohl sie einen anderen Ehemann hatte. Festus musste für gute, angemessene Unterhaltung sorgen; und das war keine Kleinigkeit, denn sie blieben viele Tage da, und jeder Tag sollte etwas Neues bringen. Paraden, Theater, Tanzfeste, musikalische Darbietungen, Ausflüge zur See – das alles war schon erschöpft. Womit könnte er Agrippa denn noch unterhalten, damit dieser sich nicht langweilte? Während Festus darüber nachdachte, fiel ihm Paulus ein. „In der Tat, Agrippa ist ja ein halber Jude! Damit kann ein ganzer Tag ausgefüllt werden, und solch ein interessanter Prozess ist auch etwas!"

Gesagt, getan! Die fremden Fürsten zogen in den geschmückten Richtsaal ein und warteten gespannt auf

den interessanten Gefangenen. Auf Befehl des Land-
pflegers trat der unscheinbare, bleiche Mann in Ketten ein. Ein einziger Blick in das ernste Antlitz, in
seine vor Liebe strahlenden Augen – und die Herzen
der neugierigen Zuschauer durchdrang die Gewissheit:
Dieser Mensch ist unschuldig! „Er hat sich auf den
Kaiser berufen; aber ich verstehe von der ganzen Sache nichts; alles dreht sich um religiöse Streitfragen
und um einen Toten namens Jesus, von dem Paulus
behauptet, er lebe. Aber ich weiß eigentlich nicht, was
ich meinem Herrn, dem Kaiser, schreiben soll. Deshalb stelle ich euch den Mann vor, besonders dir, König
Agrippa, damit ich durch das Verhör einige Anhalts-
punkte für meinen Brief bekomme."

„Ich würde den Mann gern einmal kennen lernen."

Nun stand Paulus vor ihm. Aber von Paulus galt
dasselbe wie einst von Jesus: „Wir sahen ihn, aber da
war keine Gestalt, die uns gefallen hätte."

Agrippa selbst erteilte Paulus das Wort. Aber was
war das? Kaum hatte dieser unscheinbare Mann den
Mund geöffnet, war es, als ergreife eine wunderbare,
überirdische Macht die Herzen der Zuhörer. Er erzählte ihnen kurz und einfach die Geschichte seiner
Bekehrung und die Ursache seiner jetzigen Wirksam-
keit unter den Menschen. Aber es war solch eine mächtige, fesselnde Geschichte, dass man die Nähe des lebendigen Gottes spüren konnte.

„Aber bis heute hat Gott mir geholfen, und so stehe
ich als sein Zeuge vor den Menschen, den mächtigen

und den geringen. Ich verkündige nichts anderes, als was die Propheten und Mose vorausgesagt haben: Der versprochene Retter, sagten sie, muss leiden und sterben und wird als der Erste unter allen Toten auferstehen, um den Juden wie den Nichtjuden das rettende Licht zu bringen."

„Du bist verrückt geworden, Paulus", rief Festus aus. „Das viele Studieren hat dich um den Verstand gebracht!"

„Hochverehrter Festus, ich bin nicht verrückt", entgegnete Paulus liebevoll, und aufs Neue zu Agrippa gewandt, fügt er hinzu: „König Agrippa, glaubst du den Voraussagen der Propheten? Ich weiß, du glaubst ihnen!" Der Angeklagte, über den ein Urteil gefällt werden sollte, wandte sich persönlich an den König mit einer Frage, die dessen Seele betraf. Paulus sagte nicht: „Was weißt denn du davon, Festus? Du bist ja ein Heide; Agrippa wird mich besser verstehen." Aber Agrippa durfte merken, dass Paulus ihn für berufener hielt, in dieser Sache zu urteilen.

Ein verlegenes Lächeln spielte um die Lippen des Gefragten. „Es dauert nicht mehr lange, und du überredest mich noch dazu, dass ich selber Christ werde."

Welch trauriger Satz: „Es dauert nicht mehr lange!" Wie viele Menschen hat diese Haltung schon ins Verderben gestürzt.

Agrippa hätte sich beinahe überreden lassen, dass auch er solch einen Heiland brauche, der von der Schuld und von der Macht der Sünde erlösen könnte – aber dann hätte er sich ernstlich mit dem Heil seiner Seele befassen und sich von der Sünde trennen müssen –, und da ließ er die Sache lieber fallen.

„Ob es kurz oder lang dauert", sagte Paulus, „ich bete zu Gott, dass nicht nur du, sondern alle, die mich hier hören, mir gleich werden – die Fesseln natürlich ausgenommen."

Paulus hatte seine Sache gut verteidigt; der Erfolg war, dass er einstimmig als unschuldig erklärt wurde. Wenn er sich nicht auf den Kaiser berufen hätte, so sagten sie, dann wäre er freigelassen worden. Aber es war auch Gottes Plan, Paulus nach Rom zu senden.

Er wurde dem Unterhauptmann Julius übergeben, der mit seinem eigenen Leben für Paulus' Leben bürgen musste. Eine ganze Schar kaiserlicher Soldaten zu seiner Bewachung sowie Aristarch aus Mazedonien als Sekretär seiner äußeren Missionsangelegenheiten und Lukas, der Arzt, zu seiner persönlichen Pflege begleiten ihn auf der Reise. In Sidon durfte Paulus an Land gehen, um seine Freunde aufzusuchen, die sicherlich alles versuchten, ihm den Aufenthalt so angenehm wie nur möglich zu gestalten. Was ging wohl im Herzen des Unterhauptmanns Julius vor, als er im Laufe der Fahrt seinen seltsamen Gefangenen beobachtete? Sein Verhalten in allen Lagen war so tadellos und flößte ihm unbegrenztes Vertrauen ein.

Die Schifffahrt war sehr schwierig und eines Tages sagte Paulus: „Ich sehe voraus, dass eine Weiterfahrt zu großen Schwierigkeiten führen wird. Sie bringt nicht nur Ladung und Schiff in Gefahr, sondern auch das Leben der Menschen an Bord."

Sein Rat wurde nicht angenommen; später jedoch musste der Unterhauptmann feststellen, dass Paulus die Wahrheit gesprochen hatte.

Als scheinbar alles verloren war und sie schon die Schiffsladung ins Meer geworfen hatten, rief Paulus mit völliger Gewissheit und Überzeugung, guten Mutes zu sein, und teilte ihnen mit, dass ihm in dieser Nacht der Engel des Herrn erschienen sei und zu ihm gesagt habe: „Hab keine Angst, Paulus! Du musst vor den Kaiser treten, und auch alle anderen, die mit dir auf dem Schiff sind, wird Gott deinetwegen retten." Und er fügte hinzu: „Wir werden an einer Insel stranden."

Welcher Trost für alle Beteiligten! Und obwohl Paulus die sichere Zusage Gottes hatte, blieb er nicht untätig sitzen, sondern behielt alles im Blick. Er bemerkte auch das Vorhaben der Seeleute, die in den Rettungsbooten entfliehen und die Soldaten und Gefangenen Wind und Wellen preisgeben wollten. Er wandte sich an Julius: „Wenn die Seeleute jetzt das Schiff verlassen, habt ihr keine Aussicht auf Rettung mehr." Julius gehorchte und ließ die Taue durchhauen, sodass das Beiboot davontrieb. Und als nach jener furchtbaren Nacht der Morgen hereinbrach, ermahnte Paulus sie, wie nur der fürsorglichste Vater seine hungrigen Kinder ermahnen kann: „Ich bitte euch deshalb, esst etwas; das habt ihr nötig, wenn ihr überleben wollt.

Keiner von euch wird auch nur ein Haar von seinem Kopf verlieren."

Er fragte nicht erst um Erlaubnis, sondern nahm das Brot, dankte Gott vor allen und begann zu essen.

Nun fassten auch die anderen Mut und begannen zu essen. Als alle satt waren, warfen sie das restliche Getreide ins Meer, um das Schiff zu erleichtern.

Am nächsten Morgen sahen sie in der Ferne ein Ufer. „Land, Land!", jubelte alles – nur Satan nicht. Er wollte Paulus verderben, darum gab er den Rat, die Gefangenen zu töten. Aber Julius wollte Paulus um keinen Preis der Welt hergeben, lieber mochten die anderen Gefangenen entlaufen; Paulus würde nicht fliehen, denn er wollte nach Rom vor den Kaiser.

Aber keiner der Gefangenen entfloh; alle kamen unversehrt ans Land, wo die Liebe Gottes die Einwohner willig machte, sie freundlich aufzunehmen. Sie machten ein großes Feuer an, um die Schiffbrüchigen zu wärmen. Und erneut versuchte Satan, Paulus zu töten. Zum großen Entsetzen aller biss sich eine Schlange in Paulus' Hand fest; aber noch größer wurde ihre Überraschung, als der Herr Jesus seine Verheißung an ihm erfüllte: „Sie werden Schlangen vertreiben ... und es wird ihnen nichts schaden." Paulus schüttelte die Otter ab – und blieb am Leben.

Drei Tage lang blieben die Schiffbrüchigen in der Obhut eines hohen Beamten der Insel namens Publius. Der Herr schenkte es Paulus, dass er die ihm erwiesene Güte nicht schuldig bleiben musste. Durch

Gebet und Handauflegung heilte er den schwer kranken Vater des Obersten und einige andere Inselbewohner. Ja, Paulus bezahlte nicht nur für sich, er durfte auch das ganze Schiff für seine Weiterreise versorgen, denn die dankbaren Inselbewohner statteten das alexandrinische Schiff mit allem Nötigen aus.

Lukas erwähnt es nicht, aber die Ewigkeit wird es zeigen, dass Paulus' Aufenthalt auch auf dieser Insel nicht vergeblich war, und dass auch hier Menschen gerettet wurden.

Nach einem dreitägigen Aufenthalt in Syrakus erreichte das Schiff Puteoli. Dort kamen Brüder und baten Julius, Paulus für eine Woche bei ihnen zu lassen. Wie wohltuend war diese Ruhe nach der anstrengenden Reise, und wie erquickend war die brüderliche Liebe für Paulus.

Aber die Woche verging rasch, und bald lag Rom, das Ziel seiner Sehnsucht, vor ihm. Einige Christen hatten von Paulus' Ankunft gehört und kamen ihm bis nach Appiusmarkt entgegen. Das ermutigte Paulus. Er hatte zwar keine Angst vor dem Kaiser, denn der Herr selbst hatte ihm gesagt: „Nur Mut! Du bist hier in Jerusalem für mich eingetreten, du sollst es auch in Rom tun", aber er fürchtete sich, wie ihn die Brüder aufnehmen würden, ob sie nicht voreingenommen sein und denken würden, er käme nach Rom, um sein Volk zu verklagen und sich bei den Heiden sein Recht zu suchen. Und nun kamen sie ihm solch ein Stück des Weges entgegen! Für Paulus' Herz war das ein köstlicher, trostvoller Augenblick, darum wurde es fröhlich.

Paulus wurde es gestattet, in einer Privatunterkunft nur mit einem Kriegsknecht zu wohnen, der ihn bewachen musste.

Gleich nach drei Tagen ließ Paulus die Vornehmsten unter den Juden zu sich kommen und erklärte ihnen, warum er gekommen war, und dass seine Gefangenschaft nichts mit Politik zu tun hätte, sondern dass er gezwungen gewesen war, sich auf den Kaiser zu berufen. Die Juden, die in Rom stark verfolgt wurden, waren nicht abgeneigt, etwas über jene Sekte, der an allen Enden widersprochen wurde, und über ihren gekreuzigten Begründer zu hören. Und bevor Paulus' Angelegenheit vor Nero erledigt war, waren zwei Jahre gesegneter Arbeit vergangen, deren Früchte wir noch heute sehen. Paulus bezeugte Jesus Christus nicht nur dem einfachen Volk, sondern erfüllte alle Kreise bis zum Thron hinauf mit der Heilsbotschaft; im Philipperbrief erwähnt er die Heiligen, die aus des Kaisers Haus waren. Von Rom aus schrieb er seine schönen, vom Heiligen Geist diktierten Briefe, die noch heute Menschen zur Umkehr bewegen.

Natürlich war es keine Kleinigkeit, Tag und Nacht an einen Soldaten angekettet zu sein, es war ein Kreuz; aber auch dieser Umstand brachte herrliche Ewigkeitsfrucht. Die Tradition erzählt, dass kein einziger Soldat, der für eine gewisse Zeit mit Paulus zusammengekettet war, dem Heiligen Geist widerstehen konnte. So hatte Paulus mit seiner „Sektiererei" in kurzer Zeit selbst das römische Heer angesteckt.

Dieses gesegnete Leben, das durch viele Gebete der Kirche Christi getragen worden war, endete nach einiger Zeit missionarischer Tätigkeit vor dem Henker. Er, dessen Herz voller Seelen rettender Liebe war, durfte mit Recht von sich sagen: „Ich habe mehr gearbeitet, als sie alle, nicht aber ich, sondern Gottes Gnade, die mit mir ist. Ich habe einen guten Kampf gekämpft, ich habe den Lauf vollendet, ich habe Glauben gehalten. Hinfort ist mir beigelegt die Krone der Gerechtigkeit, welche mir der Herr an jenem Tage geben wird, nicht mir aber allein, sondern allen, die ihn lieb haben."